ADAC Reiseführer

Sylt

Amrum Föhr Helgoland Hallig Hooge

von Elisabeth Schnurrer

W0473065

Intro

Unterwegs

Karten und Pläne

Service

Leserforum

Die Meinung unserer Leserinnen und Leser ist wichtig, daher freuen wir uns von Ihnen zu hören. Wenn Ihnen dieser Reiseführer gefällt, wenn Sie Hinweise zu den Inhalten haben – Ergänzungs- und Verbesserungsvorschläge, Tipps und Korrekturen – dann schreiben Sie uns bitte:

Redaktion ADAC Reiseführer
ADAC Verlag GmbH
81365 München
verlag@adac.de
www.adac.de/reisefuehrer

Sylt Impressionen

Rüm Haart, klar Klimming – weites Herz und klarer Blick

40 km feinster, fast weißer Sand an der tiefblauen Nordsee, darüber ein hoher weiter Himmel und prickelnde ›Champagnerluft‹ – das bietet nur die Ferieninsel **Sylt**! Entsprechend kommt das 98 km² kleine Eiland auf der Beliebtheitsskala der Deutschen ganz groß raus: Jedes Jahr verbringen 650 000 Urlauber ihre ›schönsten Tage des Jahres‹ auf der reizenden nordfriesischen Insel, die 11 km vor der Schleswig-Holsteinischen Nordseeküste nahe der Grenze zu Dänemark liegt.

Inselkaleidoskop

Vor allem kommen sie wegen der grandiosen Natur. Publikumsliebling ist der bis zu 50 m breite **Weststrand**. Er besteht aus strahlend hellem, feinstem Sand, der sich über eine Länge von 40 km entlang

der gesamten Nordseeseite der Insel erstreckt. Parallel zu dieser großartigen ›Sandkiste‹ verlaufen ebenso feinsandige **Dünen**, meist pittoresk mit silbrig-grünem Strandhafer und rosa blühenden Syltrosen bepflanzt. Bei List schließlich erheben sich die letzten **Wanderdünen** Deutschlands (sie stehen unter strengem Naturschutz). Hier an der Westseite Sylts brandet die Nordsee oft ungestüm an, vielfach auch als Spring- oder Sturmflut, und reißt dabei immer wieder ein Stück der Insel mit sich fort. Die Gewalt des Meeres war es aber auch, die vor rund 180 000 Jahren ein so beeindruckendes Naturphänomen wie das **Rote Kliff** zwischen Wenningstedt und Kampen modellierte. An manchen Abenden mag man den Blick gar nicht mehr abwenden von der faszinierenden bis zu 30 m hohen Abbruchkante, die dann im Licht der untergehenden Sonne blutrot aufleuchtet.

Weniger spektakulär als die Westseite gibt sich die klimatisch mildere **Ostküste**, die sich der bei Ebbe weiten ruhigen Spiegelfläche des **Wattenmeers** zuwendet. Auf dem Hochufer setzt zwischen Kampen und Braderup die **Braderuper Heide** auf 137 ha einen Farbakzent, zumal wenn im Frühjahr und Herbst Ginster, Erika und Buschwacholder blühen. Im Übrigen säumen den östlichen Inselrand saftig-grüne Wiesen und Weiden, auf denen sich oft Schafe und Pferde tummeln.

Oben: *Friesenromantik mit Reetdachzier in Nieblum auf Sylts Nachbarinsel Föhr*
Links: *Dünen, Heide, Strand und Watt – Sylt aus der Vogelperspektive*

Spaßfaktor Sylt – ab in den Norden

Ebenso vielfältig wie die Sylter Landschaft ist auch das Angebot an Sport- und Freizeitmöglichkeiten auf der Insel. Weltweit bekannt sind die hervorragenden **Surfreviere** der Westküste. Vor dem Brandenburger Strand in Westerland messen sich jedes Jahr Ende September die besten Windsurfer der Welt beim *Surf World Cup*. Daneben genießen auch *Wellenreiter*, *Kite Surfer* und **Katamaran-Segler** die Herausforderung, die die Nordsee vor Sylt selbst erfahrenen Sportlern stellt. Anfän-

Oben: *Wenn auf Sylt die Sonne im Meer versinkt ... Abendstimmung bei Kampen*
Mitte: *Kulinarische Köstlichkeiten servieren die Bistros von Jürgen Gosch*
Unten: *Bezaubernde Farbakzente setzt die blühende Heidelandschaft zwischen Hörnum und Rantum*

ger erproben sich zunächst in den ruhigeren Gewässern an der Ostküste, in der Munkmarscher Bucht oder auf der Wattenmeerseite von Hörnum.

Sehr beliebt ist auch das **Brandungsbaden** am Weststrand, wobei sich mutige Badegäste den gischtenden Nordseewellen stellen, eine wunderbare Erfrischung an heißen Sommertagen und ein großer Spaß allemal. Am Strand frönen die **Sonnenanbeter** ihrem Hobby, je nach Gusto mit oder ohne Strandkorb, in Badekleidung oder an ausgeschilderten *FKK-Stränden* auch hüllenlos. Grundsätzlich sind im Bereich der Urlaubsorte einzelne Strandabschnitte für bestimmte Aktivitäten reserviert. An einigen kann man Drachen steigen lassen, andere sind für Spiele wie *Beachvolleyball, Boccia* oder *Frisbee* vorgesehen, wieder andere für Surfer. Aber viele Urlauber, und beileibe nicht nur **Strandwanderer** und **Jogger**, laufen auch einfach entlang der Flutlinie, bis sie ihr persönliches Stück Lieblingsstrand gefunden haben – es ist Platz genug für alle da!

Zu ausgedehnten **Radtouren** lädt das Inselinnere mit seinen zahlreichen Fahrradwegen ein. So führt etwa der Deichweg um das vogelreiche teils schilfbestandene *Rantumbecken*, auf der Trasse der einstigen *Inselbahn* geht es durch hügelige Dünenlandschaft nach Süden, im Sylter Osten zwischen *Nössekoog* und Watt dominieren Marschwiesen, und auf dem Weg nach Norden kommt man in Wenningstedt am *Denghoog*, dem größten Hünengrab der Insel, vorbei oder an der in einem Wäldchen versteckten *Kampener Vogelkoje*. Andere Routen sind **Wanderern** vorbehalten, etwa das geologisch interessante *Morsum-Kliff* bei Morsum oder die windzerzauste *Ellenbogenspitze* im Norden.

Für jeden Geschmack der richtige Ort

Abends wird es ruhig an Sylts Stränden – außer in sommerlichen **Vollmondnächten**, wenn vornehmlich junge Leute bei der BamBus Bar im Listland oder am Surferstrand bei Westerland zu rhythmischem Techno und angesagtem Black Beat ausgelassene Beach Parties feiern. Sie stehen in der Tradition der schon legendären Strandfeste der 1970er-Jahre, die Sylt seinen Ruf als mondäne *Partyinsel* einbrachten. Vor allem **Kampen** wurde mit Nachtclubs wie Kupferkanne oder Gogärtchen berühmt, in denen man bis zum Morgengrauen feiern konnte. Und über die Nächte in den Kampener Dünen um Buhne 16 erzählte man sich nur im Flüsterton, stets aber mit einem anzüglichen Lächeln. Zwar sind die wilden Zeiten von Jet-Set-Playboys wie Gunther Sachs und seiner zeitweisen Angetrauten Brigitte Bardot vorbei, doch ›Deutschlands prominentestes Dorf‹ ist nach wie vor angesagt, der Journalist Roger Wil-

Links oben: *Hier schlagen Gourmetherzen höher – Restaurant Karsten Wulff in Keitum*
Links unten: *Da werden Reiterträume wahr*
Oben: *Ein prickelndes Vergnügen für jung und alt – Brandungsbaden am Weststrand*
Unten: *Inselgeschichte und trautes Heim – das Altfriesische Haus in Keitum zeigt Alltagsleben von anno dazumal*

lemsen beispielsweise ist Stammgast und Liedermacher Reinhard May nennt hier ein Häuschen sein eigen.

Die Attraktionen der anderen Sylter Orte sind vielleicht etwas weniger auffällig, doch viele Gästen bevorzugen genau diese Art von Freizeitgestaltung: Vor allem für die Jüngeren ist ein Besuch im *Zoo* von **Tinnum** ein Erlebnis, andere zieht es zum *Meerkabarett* in der Sylt-Quelle von Rantum. Am ländlich-ruhigen **Morsum** schätzen Urlauber das wiesengrüne Umland, das zu abwechslungsreichen *Wandertouren und Ausritten* einlädt, viele Familien bevorzugen **Hörnum**, weil es sowohl *Strandleben* als auch einen regen *Hafen* mit zahlreichen Ausflugsmöglichkeiten bietet. Kulturfreunde wiederum zieht es ins ›Künstlerdorf‹ **Keitum**, hier können sie mit *St. Severin* eine der äl-tes-ten Kirchen der Insel besuchen oder sich im *Altfriesischen Haus* über den Alltag der Bewohner von der Frühzeit bis ins 19. Jh. informieren.

Aber wo man sich auf Sylt auch einquartiert, überall auf der Insel kann man ausgezeichnet **Essen** und **Trinken**. Zahlreiche Köche wurden für ihre einfallsreichen Kreationen bereits mit Guide-Michelin-Sternen und Gault-Millau-Hauben ausgezeichnet, und sie alle wetteifern um die Gunst verwöhnter Gaumen. Mit Stolz servieren Holger Bodendorf, Alessandro Pape, Jörg Müller, Karsten Wulff und Kollegen neben dem traditionell norddeutschen Gericht Bohnen, Birnen, Speck oder dem kross-würzigen Deichlammkarree auch allerlei *Raffinessen* wie gratinierten Atlantik-Hummer, gefüllten Rochenflü-

gel, Carpaccio vom Husumer Mastochsen, Seewolf im Kräuterbett und viele Köstlichkeiten mehr. Zugleich können es auf Sylt sogar Imbissbudenbesitzer zu Ruhm und Erfolg bringen, wie das Beispiel des Fischhändlers *Jürgen Gosch* zeigt, der seit den Anfängen im Hafen von List 1973 die ganze Insel erobert hat – mit frischen Nordseekrabben und leckeren Fischbrötchen. Inzwischen findet man überall in Deutschland Gosch-Filialen mit dem Markenzeichen des roten Hummers.

Hinterm Horizont geht's weiter

Nicht nur in kulinarischer, auch in geografischer Hinsicht fördert Sylt Entdeckerlust. Von Hörnum aus starten im Sommer täglich mehrmals Ausflugsdampfer zu ›großer Fahrt‹. Sie steuern an den **Seehundbänken** vorbei etwa die Halligen an, flache deichgeschützte Inseln in der Nordsee. Das dortige Leben kann man anschaulich auf der **Hallig Hooge** studieren. Sie lädt zu einem Rundgang über die Kirchwarft und Hanswarft ein, die durch ihre prächtige blaugekachelte Gute Stube, den Königspesel, bekannt ist. Sylts Nachbarinseln **Amrum** und **Föhr** stehen ebenfalls auf dem Programm. Beide bieten reizende *Friesendörfer* wie Nebel oder Wyk, die der Gast bei einem Spaziergang oder einer Radtour erkunden kann. Amrum ist außerdem besonders stolz auf seinen ausgedehnten Strand, den *Kniepsand*, der mit 15 km Länge und bis zu 1,5 km Breite dem Sylter Weststrand Konkurrenz macht. Die weiter entfernte ›Rote Insel‹ **Helgoland** lockt mit *zollfreiem Einkauf* und einer beeindruckenden *Steilküste*, die vom Hochplateau bis zu 50 m tief in die ringsum anbrandende Nordsee abfällt.

Oben: *Charmanten Aufenthalt versprechen inseltypische Ferienhäuser wie in Hörnum*
Unten: *Entdeckerfreuden und Sportsgeist – Inselerschließung mit dem Fahrrad*
Recht oben: *Wellness und Ambiente zählen in vielen Hotels zum Verwöhnprogramm*
Rechts Mitte: *Imbiss à la Sylt – Fischbrötchen bei Gosch sind längst Kult*

Der Reiseführer

Der vorliegende Band stellt die **Nordseeinsel Sylt** mit all ihren Naturschönheiten und Sehenswürdigkeiten in *vier Kapiteln* vor. Daran schließt sich ein fünftes Kapitel

mit einigen ausgewählten *Ausflugsmöglichkeiten* an. Besondere Highlights der Reiseziele, Hotels, Restaurants etc. sind als **Top Tipps** hervorgehoben. Das übersichtliche **Nummernsystem** und die detaillierten **Stadtpläne** erleichtern die Orientierung. Hotel- und Restaurantempfehlungen sind den einzelnen Punkten als **Praktische Hinweise** angegliedert, alle anderen wichtigen Reise- und Urlaubsinformationen sind im Serviceteil **Sylt aktuell A bis Z** übersichtlich zusammengestellt. **Kurzessays** zu interessanten Sylter Themen runden den Reiseführer ab.

Geschichte, Kunst, Kultur im Überblick

Friesen und Freiheitskämpfer, Sturmfluten und Sommerfrischler

130 000 v. Chr. Eiszeitliche Gletscher schieben im Gebiet der heutigen Nordsee Moränenwälle auf, sie bilden die harten Geestkerne der späteren nordfriesischen Inseln, zu denen auch Sylt gehört.

ab 10 000 v. Chr. Mit der Gletscherschmelze steigt der Wasserspiegel der Nordsee allmählich an.

ab 4000 v. Chr. Die Nordsee erreicht Nordfriesland, das Gebiet, aus dem später die nordfriesischen Inseln entstehen, wird erstmals überflutet. In der Jungsteinzeit ab etwa 2500 v. Chr. lassen sich Jäger und Sammler in der Region nieder.

um 3000 v. Chr. Die ersten Siedler im Gebiet des heutigen Sylt errichten gewaltige Megalithgräber, das größte erhaltene ist der Denghoog in Wenningstedt.

1700 – 500 v. Chr. Aus der Bronzezeit finden sich auf Sylt Hunderte von Grabhügeln, z. B. der Tipkenhoog bei Keitum.

1./2. Jh. n. Chr. In der nordfriesischen Region leben Angeln, Sachsen und Jüten. Im 5. Jh. ziehen sie nach England weiter.

9. Jh. Von Norden her wandern dänische Friesen in das nach ihnen benannte Gebiet ein, das sie ›Uthlande‹ (›Außenländereien‹) nennen. Sie legen Dörfer an und leben von Ackerbau und Fischfang. Im Raum von Sylt schützen sie erstmals die Marschen im Westen mit Deichen gegen die anbrandende See und legen auf der heutigen Wattseite im Osten Entwässerungsgräben an.

12./13. Jh. Als eine der letzten Bevölkerungsgruppen Europas wenden sich die Nordfriesen dem christlichen Glauben zu. Auf Sylt entstehen Kirchen wie St. Severin in Keitum und St. Martin in Morsum.

1231 Dänemark ordnet seine Verwaltung neu: Sylt ist nun eine der 13 Harden (Bezirke) der Region Uthlande.

14. Jh. An der Sylter Westküste bedrohen immer wieder Sturmfluten, Küstenabbrüche und Wanderdünen die küstennahen Ortschaften, die wie List, Wenningstedt und Rantum weiter östlich wieder aufgebaut werden müssen.

1362 Die verheerende Marcellus-Sturmflut, auch Große Mandränke genannt, verwüstet das Küstengebiet Nordfrieslands, etwa 100 000 Menschen finden den Tod. Die dank ihrer Geestkerne widerstandsfähigen Inseln Sylt, Amrum und Föhr erhalten damals die Gestalt, die im Wesentlichen bis heute erhalten ist.

1426 – 35 Im Krieg zwischen der Deutschen Hanse und Dänemark geht es u. a. um die ›Schleswigfrage‹, denn das ursprünglich dänische Schleswig ist durch Erbfolge seit dem 14. Jh. mit dem deutschen Holstein verbunden. Der Friede von Vordingborg 1435 beendet den Krieg, Sylt wird geteilt: Listland bleibt reichsdänisch und wird fortan von einem Landvogt verwaltet, die restliche Insel geht an das Herzogtum Schleswig.

1436 Während der sog. Allerheiligen-Sturmflut versinkt der Küstenort Eidum im Meer. Die überlebenden Bewohner gründen auf einer Anhöhe westlich von Tinnum in sicherer Entfernung zur Nordsee den neuen Ort Westerland.

1459 Adolf VIII., Herzog von Schleswig und Graf von Holstein, stirbt ohne Nachfolger. 1460 wählt der norddeutsche Adel Adolfs Neffen, den dänischen König Christian I., zum Herzog von Schleswig und Grafen von Holstein, der nun auch über die gesamte Insel Sylt herrscht.

1536 Der dänische König Christian II. führt in seinem Reich, also auch auf Sylt, die lutherische Reformation ein.

1587 Der dänische König Friedrich II. erklärt den bislang freien Austernfang vor Sylt zum königlichen Monopol.

◁ *Geheimnisvoller Zeuge der Vorgeschichte: Hünengrab Harhoog in Keitum*

Die damals noch üppigen Walbestände im Nordmeer verhelfen Sylt im 17. Jh. zu Wohlstand

1596 Im Nordmeer werden riesige Wal- und Robbenbestände ausgemacht. Die Kunde von den reichen Fanggründen sorgt für ein sprunghaftes Anwachsen der skandinavischen, niederländischen und englischen Fangflotten, auf denen auch zahlreiche Sylter Seeleute anheuern.

1650–1750 Der Walfang beschert Sylt erstmals Wohlstand, ein ›Goldenes Zeitalter‹. Berühmte Seefahrerfamilien wie die Bleickens, Hansens oder Teunis' bringen mehrere Steuerleute, Kapitäne und Kommandeure (Kapitäne von Walfangschiffen) hervor. Doch schon Mitte des 18. Jh. sind die Walbestände derart ausgebeutet, dass die Fahrten eingestellt werden.

1705 König Friedrich IV. erlässt ein Gesetz zum Schutz gestrandeter Seeleute und Schiffe.

1767 Bau der Kampener Vogelkoje, eine von vier Anlagen der Insel zum Fang von Wildenten, deren Fleisch bis nach Russland exportiert wird.

1782 Auf Sylt sind 2800 Einwohner gemeldet, 1180 von ihnen Männer, von denen wiederum 597 Seeleute sind.

1830 Der in Keitum geborene Uwe Jens Lornsen kommt während seines Jurastudiums in Kiel mit friesisch- bzw. deutschnationalem Gedankengut in Berührung. Als frisch gebackener Sylter Landvogt fordert er in einem Aufruf eine gemeinsame liberaldemokratische Verfassung für Schleswig und Holstein sowie die Abtrennung der beiden Gebiete von Dänemark. Dafür wird Lornsen abgesetzt und zu einjähriger Festungshaft verurteilt.

1855 Der Sylter Landvogt Werner Carl Julius Gottlob van Levetzau folgt dem Vorbild anderer Nordseeinseln und stellt am Strand von Westerland erstmals Badekarren für Feriengäste auf.

1857 Westerland erhält seine offizielle Zulassung als Badeort, im selben Jahr eröffnet hier mit der ›Dünenhalle‹ das erste Hotel (1995 abgerissen). – Im bereits etablierten Seebad Wyk auf Föhr fallen Hotels und Kureinrichtungen einem Großbrand zum Opfer. In der Folge weichen zahlreiche Sommergäste nach Westerland aus und ›entdecken‹ Sylt.

1864 Nach dem Deutsch-Dänischen Krieg verzichtet der dänische König Christian IX. im Wiener Frieden auf seine Gebietsansprüche in Schleswig und Holstein. Nun wird Holstein von Österreich verwaltet, das Herzogtum Schleswig samt Listland wird preußisch – also deutsch.

1866 Preußen besiegt Österreich im Deutschen Krieg. In der Folge werden Schleswig und Holstein, und damit auch ganz Sylt, preußische Provinz.

1876 Der Verleger und Autor Ferdinand Avenarius (1856–1923), ein Neffe Richard Wagners, kommt zum ersten Mal nach Sylt. Anfang des 20. Jh. lässt sich der engagierte Naturschützer in Kampen Haus Uhlenkamp bauen, das bald zum Treffpunkt berühmter Maler und Schriftsteller wird.

1888 Eröffnung der Sylter Dampfspurbahn, die von der Schiffsanlegestelle in Munkmarsch bis Westerland fährt. Eine zweite Strecke verbindet ab 1901 Hörnum mit Westerland, 1908 kommt die Strecke nach List hinzu.

1890 3915 Menschen leben auf Sylt, etwa ein Drittel von ihnen in Westerland.

1900 In Kampen wird die noch heute aktive Foriining fuar Söl'ring Spraak en Wiis (kurz: Söl'ring Foriining) gegründet, die Vereinigung für Sylter Sprache und Sitte.

1908 Sylt verzeichnet nun 25 000 Kur- und Badegäste.

1914 Anlässlich des Ersten Weltkrieges werden in den Dünen um List erste militärische Befestigungen, Flakstellungen und Bunker gebaut.

1920 Nach dem Ersten Weltkrieg initiieren die Siegermächte in mehreren grenznahen deutschen Regionen Volksabstimmungen über die weitere nationale Zugehörigkeit. Auf Sylt sprechen sich 2715 der Befragten für den Verbleib bei Deutschland aus, 356 für Dänemark.

1927 Am 1. Juni weiht Reichspräsident Paul von Hindenburg den nach ihm benannten 11,2 km langen Damm zwischen Sylt und dem Festland ein. – In List wird die Deutsche Verkehrs-

◁ *Jungfernfahrt: Der Reichspräsident reist 1927 erstmals über den nach ihm benannten Hindenburgdamm nach Sylt*

fliegerschule See (DVS) gegründet, die u.a. Lufthansa-Piloten ausbildet.

1930 Wie viele seiner Künstlerkollegen wohnt Emil Nolde (1867 – 1956) mehrere Monate im Haus Kliffende in Kampen. Dort malt er Landschaften und ›leidenschaftliche Meerbilder‹.

1930er-Jahre Berühmtheiten wie Hans Albers oder Marlene Dietrich verbringen ihren Sommerurlaub auf Sylt und begründen seinen Ruf als ›Promi-Insel‹.

1934 List wird zum Militärflugstützpunkt erweitert.

1936/37 Zwischen Rantum und Morsum entsteht der 13 km lange Nössedamm zum Schutz der Sylter Südküste. Teil des Damms ist auch ein Deich nördlich von Rantum, der das Rantumbecken einfriedet. Es soll als Start- und Landefläche für Wasserflugzeuge dienen.

1939 Die deutsche Regierung baut das relativ kleine, aber strategisch günstig gelegene Flugfeld nordöstlich von Westerland zu einem leistungsfähigen Flughafen aus, dessen Areal bis an die Westgrenze von Keitum reicht. – Knapp 14 000 Menschen leben auf Sylt.

1944 Auf Sylt sind 12 000 deutsche Soldaten stationiert.

1945 – 48 Nach der deutschen Kapitulation besetzen britische Truppen die Insel. In die ehem. Wehrmachtskasernen werden Flüchtlinge einquartiert. Die Einwohnerzahl Sylts verdoppelt sich zeitweise auf rund 25 000, die mancher Gemeinden verzwanzigfacht sich gar.

1946 Die britische Militärregierung richtet das deutsche Bundesland Schleswig-Holstein ein, zu dem auch Sylt gehört.

1950 In Niebüll auf dem Festland nimmt die Autoverladestation der Deutschen Bahn ihren Betrieb auf, über die fortan der Kraftfahrzeugverkehr via Autozug von und nach Sylt verläuft.

1960/70er-Jahre Die Reichen und Schönen entdecken die Reize Sylts. Vor allem das Dorf Kampen avanciert zum sommerlichen Treffpunkt der High Society. Der Industrielle Gunther Sachs (* 1931) etwa und Gattin Brigitte Bardot bringen mit ihren Strandparties den Ort und die legendäre Buhne 16 in den Dünen immer wieder in die Schlagzeilen. Noch heute zehrt Kampen von seinem damals erworbenen Ruf als ›St. Tropez des Nordens‹.

1970 Die Inselbahn stellt ihren Betrieb ein. Der heutige Fahrradweg von Westerland über Rantum bis Hörnum folgt größtenteils der einstigen Eisenbahntrasse.

1971 Mit Zustimmung des Westerländer Stadtrats plant eine Stuttgarter Baufirma am Weststrand eine 80 m hohe Bettenburg namens ›Atlantis‹ mit 28 Stockwerken. Die Sylter sind über das Vorhaben entsetzt, die Bürgerinitiative Sylt protestiert erfolglos, erst im Landtag wird das Projekt schließlich abgeschmettert.

1972 Die beständige Gefahr von Küstenabbrüchen

◁ *Sommerfrische für Promis: Stars wie Max Schmehling und Hans Albers (2. und 3. von links) machen Sylt in den 1930ern populär*

Rettungsversuche: Spezialschiffe pumpen alle Jahre neuen Sand an die Westküste

durch Sturmfluten an der Sylter Westküste verschärft sich noch durch unvorhergesehene Strömungen, die in den Jahrzehnten nach dem Bau des Hindenburgdammes rings um die Insel auftreten. Zur Rettung Sylts werden vor der Westküste massive Sandvorspülungen nach dänischem Vorbild durchgeführt: Spezialschiffe nehmen auf offener Nordsee Sand vom Meeresboden auf und pumpen diesen anschließend an den Inselstrand und den davor liegenden Küstenstreifen. Das so entstandene ›Sandpolster‹ schützt die Küste vor Sturmfluten, hält Wind und Wellen aber naturgemäß nur bedingt stand. Daher muss die kostspielige Prozedur alle zwei bis fünf Jahre wiederholt werden.

1976 Die schwerste Sturmflut des Jahrhunderts reißt große Teile von Sylts Westküste ins Meer – vom Ellenbogen über Dikjen Deel bis Hörnum.

1985 Die schleswig-holsteinische Landesregierung erklärt das Wattenmeer vor Sylts Ostküste zum Nationalpark. Das insgesamt 2850 km² umfassende Schutzgebiet beginnt 150 m vor der Küste der nordfriesischen Inseln und Halligen ist in drei Zonen mit unterschiedlich strengen Schutz- bzw. Nutzungsmöglichkeiten unterteilt.

1986 Die Austernfischerei, die 1925 durch Ausbeutung und Umwelteinflüsse zum Erliegen gekommen war, wird durch Dittmeyer's Austern Compagnie wieder belebt, die in der Blidselbucht vor List pazifische Austern ansiedelt. Bald erobert die schmackhafte ›Sylter Royal‹ den Weltmarkt.

1988 Längst warnen Umweltschützer vor Naturschäden durch zunehmende Müllverklappung und durch Schiffshavarien in der Nordsee, nun unterstreicht ein Seehundsterben drastisch die Warnungen. Die Sylter Kurorte befürchten sinkende Besucherzahlen und fordern ebenfalls weitreichendere Maßnahmen zum Schutz der Nordsee wie z. B. eine strengere Kontrolle des Schiffsverkehrs und die Einrichtung von Tierschutzzonen.

1989 Zu Ostern brandet eine gewaltige Sturmflut an Sylts Küste, die im Süden das letzte bewachsene Dünenstück der Hörnum Odde mit sich reißt und auch einen Bunker aus dem Zweiten Weltkrieg fortspült.

1992 Der Luft-Boden-Schießplatz der Bundeswehr auf der Ellenbogen-Nehrung bei List wird geschlossen.

1993 Die Firma Sylt-Quelle beginnt im Gebiet des Rantumer Hafens mit der Förderung von Mineralwasser.

1999 Der Nationalpark Wattenmeer wird auf zwei Zonen reduziert und auf 4410 km² erweitert, ein Walschutzgebiet und ein nutzungsfreies Gebiet zwischen Sylt und Föhr werden eingerichtet.

2003 Jährlich besuchen nun rund 650 000 Urlaubsgäste die Nordseeinsel Sylt. – Mit der MS Europa legt erstmals ein Kreuzfahrtschiff vor Sylt (List) an.

2004 Im Juli wird in Westerland das Aquarium eröffnet, eines der größten Ozeanarien Europas.

2007 Eine Serie schwerer Winterstürme schädigt Strände und Dünen entlang der gesamten Westküste Sylts.

Kein ungewohnter Anblick: VIPs wie Otto Waalkes, hier beim Prominentenfußball

Wie aus dem Bilderbuch: Reizende alte Friesenhäuser mit prächtigen Blumengärten wie hier in Morsum prägen viele Ortsbilder Sylts

Unterwegs

Inselmitte – Endstation Sehnsucht

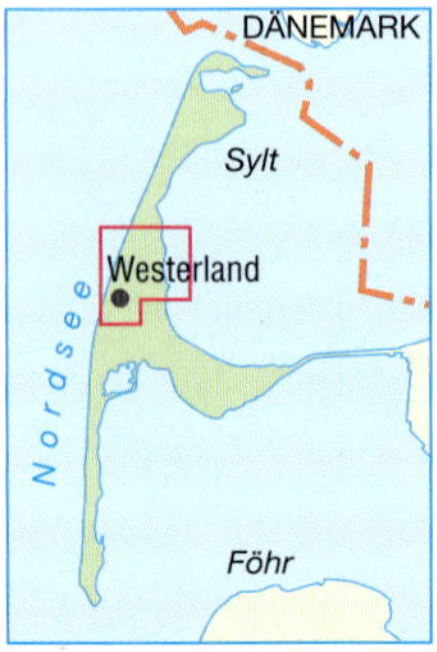

Westerland ist das Ziel! Wenn schon nicht aller Träume und Wünsche, dann doch zumindest aller Züge, die das schöne Sylt über den Hindenburgdamm erreichen. Im *Bahnhof* von **Westerland** endet ihre Fahrt, hier steigen die Passagiere aus den Abteilen, rollen die Wagen von der Verladerampe des *Autozuges*. Die Bahnstrecke ist der wichtigste Weg auf die beliebteste deutsche Urlaubsinsel, der Flaschenhals gewissermaßen, den fast alle der jährlich 650 000 Besucher passieren müssen (per Flugzeug reisen nur etwa 6 %). Obwohl die Insel mittlerweile das ganze Jahr über Saison hat, kommen die meisten Gäste nach wie vor zwischen Mai und September, dann pendelt der Autozug halbstündlich. Diese Besuchermassen willkommen zu heißen ist keine leichte Aufgabe für ein Städtchen mit knapp 9200 Einwohnern. Doch Westerland meistert diese mit Bravour. Etwas mehr als die Hälfte der Neuankömmlinge fährt gleich weiter zu ihren Quartieren in anderen Inselorten. Die Hiergebliebenen sieht man bald nach der Ankunft durch die betriebsame Friedrichstraße dem wunderbaren, bis zu 40 m breiten *Zentralstrand* zustreben. Am Strandzugang beim Hotel Miramar herrscht denn auch der größte Trubel. Hier gibt die große Aussichtsplattform den Blick auf die darunter vorbei führende *Kurpromenade* und den wiederum etwas tiefer gelegenen Strand frei. So tummeln sich gewissermaßen auf drei Etagen Schaulustige, Flaneure und Sonnenanbeter. Rund 6,5 km Strand gehören zum Gemeindegebiet Westerlands. Im Stadtgebiet selbst reicht er im Süden von der *Himmelsleiter*, wie der höchste Dünenübergang der Insel genannt wird, bis zum *Brandenburger Strand* im Norden, an dem Sport von Kite Surfen bis Wellenreiten groß geschrieben wird. Hier findet übrigens jedes Jahr Ende September auch der berühmte *Surf World Cup* statt, ein Highlight für Segelfans ist auch der alljährlich hier ausgetragene *Catamaran Cup*.

Und selbst wenn an manchen Tagen die Strandfreuden durch schlechtes Wetter getrübt sein sollten, hat die Inselhauptstadt viel zu bieten, z. B. das Freizeit- und Wellenbad *Sylter Welle*, das benachbarte *Syltness-Center* mit seinem Wellness- und Fitnessangebot oder das *Aquarium* mit seinen zahllosen Meeresbewohnern. Und wie wäre es mit einem Ausflug in Westerlands Vergangenheit? Bei einem Spaziergang durch *Alt-Westerland* gibt es die einstige Dorfkirche St. Niels und einige stimmungsvolle Friesenhäuschen in liebevoll gepflegten Gärten zu entdecken. Und abends lockt es so manchen Feriengast zu spannender Unterhaltung in die im historischen Kurhaus untergebrachte *Spielbank Westerland*.

Die Stadt dehnt sich immer mehr ins Umland aus und ist im Südosten längst mit Tinnum, im Norden beinah mit Wenningstedt zusammengewachsen. Seit 1927 heißt diese Nachbargemeinde *Wenningstedt-Braderup*. Zu dem eher unscheinbaren **Braderup** gehören ein interessantes Naturschutzzentrum und die idyllische Landschaft des *Naturschutzgebietes Braderuper Heide*. Auch das attraktive Seebad **Wenningstedt** hat mit dem berühmten *Roten Kliff*, das sich von hier bis Kampen erstreckt, eine Naturschönheit ersten Ranges zu bieten, ferner die hübsche *Friesenkapelle*, einen malerischen Dorfteich und den beeindruckenden *Denghoog*, einen Megalith-Grabhügel aus der Jungsteinzeit, dessen Inneres besichtigt werden kann.

Schräger Empfang: Die ›Reisenden Riesen im Wind‹ von Martin Wolke begrüßen Syltbesucher bei der Ankunft auf dem Bahnhofsvorplatz von Westerland

1 Westerland

Plan Seite 22

Vorreiterin der Bäderkultur auf Sylt, Hauptstadt und Zentrum der Insel.

Seine hübschen Seiten offenbart Westerland (9200 Einw. und 4500 Zweitwohnungsbesitzer) erst auf den zweiten Blick. In der Fußgängerzone und in Strandnähe dominieren zunächst blockhafte Geschäfts- und Apartmentbauten der 1960/70er-Jahre. Doch in ihrem Schatten blüht noch manches architektonische Pflänzchen aus der ersten Bäderepoche, kann man noch einige Jugendstilbauten bewundern und mit etwas Fantasie an der 2,5 km langen Kurpromenade den Duft der mondänen Sommerfrische von einst atmen. Westerland bezeichnet sich als **›Herz der Insel‹**, denn zum einen sind von hier aus die drei Ausläufer der Insel bequem zu erreichen, die sich nach Norden (21 km), Süden (18 km) und Osten (12 km) hin erstrecken. Zum anderen ist Westerland **Dreh- und Angelpunkt** des Sylter Lebens und damit auch des Tourismus. Geschäfte, Restaurants, Bars und Diskotheken bieten reichlich Unterhaltungs- und Einkaufsmöglichkeiten. Beliebter Treffpunkt ist der weite Strand, der in wenigen Minuten zu erreichen ist.

Geschichte Dabei galten der dünengesäumte Sandstrand und das ewig anbrandende Meer nicht immer als Plus. Tatsächlich verdankt Westerland seine Gründung der Flucht vor beiden. In der ersten Hälfte des 15. Jh. setzten die Wanderdünen den Dörfern an der Westküste stark zu. Auch **Eidum** musste zusehen, wie seine Felder allmählich von den unaufhaltsamen Sandmassen begraben wurden. Als dann bei der Allerheiligen-Sturmflut von 1436 auch noch zahlreiche Häuser ins Meer gerissen bzw. schwer beschädigt wurden, gaben die Eidumer ihr Dorf auf und ließen sich auf einer landeinwärts gelegenen Anhöhe westlich von Tinnum in sicherer Entfernung zur See und den Dünen nieder. **Hedigen**, ›Heide‹, hieß die neue Siedlung zunächst, doch bereits 1462 wurde sie urkundlich als Westerland geführt. Eine eigene Kirche erhielten die Westerländer erst 1635, als am östlichen Ortsrand das Kirchlein *St. Niels* eingeweiht wurde.

Die Entwicklung vom schlichten Dorf zum mondänen Kurort begann für Westerland, als es 1855 die Zulassung als Seebad erhielt. In diesem Jahr wurden erstmals *Badekarren* am Strand aufgestellt, von denen aus zahlende Gäste ein erfrischendes Bad in der Brandung nehmen konnten. Die Idee war nicht neu. Eines der ersten Seebäder Deutschlands war bereits 1819 in Wyk auf der Nachbarinsel Föhr gegründet worden, doch Westerland fand schnell den Anschluss, zumal schon 1857 das erste Hotel, die später abgebrannte *Dünenhalle*, seine Pforten öffnete. Der Erfolg des Seebades war umso bemerkenswerter, als die Anreise bis zum Bau des Hindenburgdammes 1927 ausgesprochen beschwerlich war, per Schiff nach Munkmarsch, später nach Hörnum, und dann per Kutsche bzw. ab 1888 mit der Sylter Dampfspurbahn nach Westerland.

Bereits 1869 war an der *Friedrichstraße*, die vom damaligen Zentrum durch die Dünen zum Strand führte, das noble *Hotel Stadt Hamburg* entstanden, ein luftiger Traum in Weiß, ein Prachtexemplar der damals angesagten Bäderarchitektur. Repräsentativ für das sich als Hauptort der Insel etablierende Seebad war auch das 1878 errichtete *Conversationshaus*. Nach einem Brand entstand bis 1898 an gleicher Stelle ein prächtiger Neubau aus Backstein, nun *Kurhaus* genannt, mit zwei turmartigen Torbauten. Auch die Backsteingebäude von Apotheke und *Alter Post* von 1892 dokumentieren das mondäne Flair jener Zeit. Und 1903 entstand am meerseitigen Dünenrand das *Hotel Miramar*, eine attraktive Jugendstil-Architektur.

Die **Stadtrechte** erhielt Westerland 1905 und im ›neuen‹ Kurviertel konnte 1908 die zweite Kirche, *St. Nicolai*, geweiht werden. Als im gleichen Jahr die offizielle Ernennung zum *Seebad* erfolgte, zählte man bereits 25 000 Gäste per annum. Der stetige Aufwärtstrend war aber ganz unabhängig vom 1912 erfolgten Bau des *Flughafens*, zumal dieser in erster Linie militärischen Zwecken diente. Größere Auswirkungen hatte da schon die Stationierung von Truppen vor dem Zweiten Weltkrieg: Zählte man in Westerland 1933 noch 4000 Einwohner, waren es im Jahr 1940 schon 7700. Während des Zweiten Weltkrieges brach der Tourismus auf Sylt zusammen, für sein schnelles Wiederaufleben nach Kriegsende spricht die Tatsache, dass sich Westerland seit 1948 *Nordseeheilbad* nennen darf.

Heute stehen in Westerland 25 000 Gästebetten zur Verfügung, das ist etwas mehr als die Hälfte des gesamtsylter Angebots, und im Jahr 2002 zählte man stolze 2,5 Mio. Übernachtungen. Erheblichen Anteil am Bettenvolumen haben die rie-

… und das Wasser bis zum Hals

Heutzutage erklärt der unbestreitbare Spaßfaktor hinreichend, warum man am 40 km langen **Weststrand** von Sylt seinen Sommerurlaub verbringt. Das gesellschaftlich bedeutend konservativere 19. Jh. verlangte da schon stichhaltigere Gründe, wollte man enge Korsetts und steife Vatermörder gegen lockere Badekleidung eintauschen. Und die fanden sich auch – nämlich in der **Gesundheit**. Bereits Ende des 18. Jh. priesen Mediziner die Heilkraft des Meeres bei Atembeschwerden und Hautkrankheiten. 1867 fasste der französische Arzt Louis Bagot die mittlerweile anerkannte gesundheitsfördernde Wirkung des Seeklimas, des Badens im Meer sowie der Meerwasseranwendungen (Bäder, Umschläge, Inhalationen und Meeresschlickpackungen) unter dem Begriff **Thalassologie**, Meeresheilkunde, zusammen.

Ausschlaggebend für die Heilwirkung ist das **Meeresaerosol**, feinste Meerwasserpartikel, die über die Brandung in die Luft geraten. Am Strand atmet man diesen mikrofeinen Nebel ein und mit ihm alle Substanzen des Nordseewassers. Das gelöste Salz etwa lindert Lungen- und Atemwegserkrankungen, die elektrische Ladung der Brandungsluft wirkt anregend auf Kreislauf und Stimmung.

Dank dieser wissenschaftlichen Erkenntnisse gewannen damals auch in Deutschland Kuren am Meer an Bedeutung. Den Anfang mit Einführung eines **Kur- und Badebetriebs** an der Nordsee machte 1797 die Insel Norderney, Föhr folgte 1819. Auf Sylt begann diese Art von Fremdenverkehr vergleichsweise spät. Nach den wirtschaftlich positiven Erfahrungen auf den Nachbarinseln Föhr und Amrum stellte 1855 der damalige Sylter Landvogt Werner Carl Julius Gottlob van Levetzau erstmals **Badekarren** am Strand von **Westerland** auf. Diese bereits andernorts erprobte ›geniale Erfindung‹ ermöglichte sittsamen Bürgerinnen und Bürgern unbeschwerte Badefreuden. Der geschlossene hölzerne Karrenaufbau war mit zwei gegenüber liegenden Türen ausgestattet. Bis zu vier Menschen fanden in seinem Inneren bequem Platz und konnten sich vor neugierigen Blicken geschützt umziehen. Bank, Tisch und Kleiderhaken waren fest installiert, dazu ka-

Mit Anstand ins kühle Nass: Badekarren am Herrenstrand von Westerland anno 1877

men ein Spiegel und eine warme Fußdecke. Nachdem die Gäste eine Badekarte gelöst hatten, begaben sie sich in den am Strand stehenden Karren, den kräftige Männer anschließend durch den tiefen Sand ins Wasser zogen und schoben. Sobald das Meerwasser den Boden des Badekarrens umspülte, stieg man über eine Treppe an der Hintertür im Badekostüm ins Wasser. So wurde vermieden, dass man sich ungebührlich lange in solch unstatthafter Kleidung der Öffentlichkeit zeigte. Für Nichtschwimmer war ein Seil am Karren befestigt, an dem sie sich bei Bedarf festhalten konnten. Nach dem nassen Vergnügen verlief das Prozedere umgekehrt: die Gäste stiegen an der Rückseite in den Badekarren ein, der mühsam wieder an den Strand gezogen wurde, wo die wieder angekleideten Kunden den Karren sittsam verließen.

Bei all dieser Schicklichkeit verstand es sich von selbst, dass Männer und Frauen getrennt ins Wasser gingen. Bis ins 20. Jh. hinein befand sich in Westerland das Damenbad südlich, das Herrenbad nördlich des strandkorbbesetzten Zentralstrandes. Erst 1902 fielen die strengen Schranken mit Einrichtung eines **Familienbades**. Und doch gab es schon wesentlich früher Badeempfehlungen, die den strengen Sittenkodex außer Acht ließen. So hatte der Sylter Arzt Andreas Ludwig Otto Jenner (1828–1884) im Jahr 1855 vorgeschlagen, aus gesundheitsförderlichen Gründen beim Brandungsbaden ganz auf Kleidung zu verzichten. Kein Wunder, dass er sich damals mit seinen Vorschlägen nicht durchsetzen konnte. Erst um 1900 griffen die Anhänger der **Freikörperkultur** die Idee von hüllenloser Bewegung an frischer Luft auf. Freilich sollte es noch bis 1954 dauern, ehe in Westerland der erste offizielle FKK-Strand Sylts eröffnete.

Großen Einfluss auf den Aufstieg Westerlands zum mondänen **Kurort** hatte der gut situierte Hamburger Arzt Gustav Ross (1818–1861), der 1857 und 1858 selbst aus gesundheitlichen Gründen auf Sylt weilte. Bei seinem ersten Aufenthalt gründete er mit den Syltern Wulf Manne Decker und Boy Lorenz Boysen eine Aktiengesellschaft zur Errichtung einer **Badeanstalt**. Wieder zuhause, machte er die bis dato vergleichsweise unbekannte Insel durch seine 24-seitige Schrift ›Das Nordseebad Westerland auf der Insel Silt. Eine vorläufige Ankündigung‹ auch in zahlungskräftigen norddeutschen Adels- und Bürgerkreisen bekannt. Dies war der eigentliche Anfang des Seebades Westerland. Die AG war wirtschaftlich ein Erfolg und baute mehrere Hotels zunächst in Sylts Hauptstadt und einige Jahre später auch im benachbarten Wenningstedt. 1884 zählte man bereits knapp 3000 Kurgäste auf der Insel, 1893 kamen beinahe 10 000. Im gleichen Jahr übernahm die Gemeinde Westerland das lokale Badewesen – sie betreibt es bis heute. Das Westerländer Beispiel machte Schule auf Sylt: Schon 1859 nahm **Wenningstedt** den Badebetrieb auf, damals noch mit 20 Gästen. 1876 erwarben die Brüder Matthias und Bleicke M. Bleicken das Recht, am Strand von **Kampen** ebenfalls Badekarren aufzustellen. Etwas abseits gelegene Orte wie Rantum, Hörnum oder List rückten dagegen erst in der zweiten Hälfte des 20. Jh. ins Blickfeld der Sylt-Urlauber, haben sich jedoch inzwischen ein Stammpublikum vor allem unter den Familien mit Kindern erobert.

sigen Hochhauskästen, 1966–68 etwa entstand in bester Küstenlage unweit des Kurmittelhauses das Apartment-Hochhaus *Metropol*, weitere Gebäudeblöcke liegen in der Nachbarschaft. Damals fiel ein Großteil der historischen Bausubstanz des Seebades den Anforderungen des modernen Massentourismus zum Opfer. Aber es gab auch Lichtblicke: Trotz heftiger Bürgerproteste war 1971 das Bauprojekt *Atlantis*, eine etwa 80 m hohe, 28-geschossige Betonschachtel am Zentralstrand, vom Stadtrat genehmigt worden, konnte aber durch das Veto des Landtages gerade noch verhindert werden.

Besichtigung Den ersten Eindruck von Westerland prägt sein **Bahnhof** ❶, das stattliche Gebäude mit Jugendstilanklängen wurde 1927 erbaut. Die klinkerausgekleidete Halle ist zu den Gleisen hin mit

drei *Buntglasfenstern* geschmückt, deren stilisiertes Motiv eine Möwe darstellt. Ein *Steuerrad* an der Nordwand steht für die Schifffahrt, ohne die Sylt einst undenkbar war, und die Krone auf dem großen *Leuchter* erinnert an den dänischen König, der einst über die Insel herrschte. Den *Bahnhofsvorplatz* dominieren seit 2001 vier überdimensionale knallgrüne Plastikfiguren. Diese ›**Reisenden Riesen im Wind**‹ des Kieler Künstlers Martin Wolke setzen auch dank ihrer beträchtlichen Schieflage und den etwas aus der Fassung geratenen Gesichtszügen einen ungewöhnlichen Akzent und stoßen noch immer auf einige Kritik.

Breitere Zustimmung findet da schon die Brunnenfigur **Wilhelmine** 2 von Ursula Hensel-Krüger (1925–1992) in der nahen Wilhelmstraße. Seit 1980 erheitert die dralle nackte Sitzfigur der Badenden mit dem neckischen Lächeln die Passanten; sie ist längst zu einem Wahrzeichen Westerlands geworden.

Doch nun geht es vom Bahnhofsvorplatz in die entgegengesetzte Richtung, nach rechts, wo der *Kirchenweg* leicht bergan nach **Alt-Westerland** führt. Bereits nach wenigen Metern fällt linkerhand ein mehrstöckiges rotes Backsteingebäude mit weiß gekalkten Giebelfeldern auf. In dem früheren Amtsgericht ist heute die **Polizeiwache** 3 der Stadt untergebracht. Wichtigstes Ziel im historischen Zentrum ist die protestantische Alte Kirche **St. Niels** 4 (Mo–Sa 9–16 Uhr) am Ende des Kirchenwegs. Sie wurde 1635–37 errichtet (1701 und 1789 erweitert). Der Eingang lag ursprünglich im Norden, hier wurde 1765 noch ein *Kalfaster*, ein Aufwärmraum für die Kirchgänger, angebaut. Wenig später verlegte man die Pforte nach Westen. Im Jahr 1875 schließlich kam der gedrungene *Kirchturm* hinzu. Den einschiffigen *Innenraum* schmücken einige schöne Stücke aus der alten Eidumer Kirche, die etwa auf Höhe der heutigen Käpt'n-Christian-Straße stand. Aus ihr stammt z. B. der dreiflügelige spätgotische *Schnitzaltar* im Chor, dessen zentrale ›Marienkrönung‹ von Skulpturen der Bischöfe Dionysos und Nikolaus flankiert wird. Letzterer ist auch der Kirchenpatron (Niels ist eine Kurzform für Nikolaus, Schutzheiliger der Seeleute). Das älteste Stück aus Eidum ist das *Prozessionskreuz* über der Chorapsis aus dem 13./14. Jh. Größere Aufmerksamkeit erregt jedoch meist der links stehende bunt bemalte *Taufstein*

TOP TIPP

Kesser Blickfang: die üppige Brunnenfigur Wilhelmine ist Wahrzeichen Westerlands

aus dem Jahr 1750, Leihgabe der Halliggemeinde Neugalmsbüll. Auch die *Kanzel* von 1751 bietet einen prächtigen Anblick. Sie ist mit Szenen aus dem Leben Christi bemalt, darüber fügen sich gold-

Pittoresker Auftritt: Grün umrankte Friesenhäuser zieren Alt-Westerlands Straßen

Das Kurhaus Westerland vereint unter seinem Dach Rathaus, Spielbank und Kursaal

farbene Lettern zu altertümlichen Sinnsprüchen.

Auf dem kleinen **Friedhof** von St. Niels lehnen entlang der Südmauer sog. *Kopfsteine*, bis zu 40 cm hohe glatte Kiesel, die im 17./18. Jh. als Grabmäler dienten, lediglich mit Initialen und Todesjahr versehen. Man sieht aber auch größere Monumente z.T. mit ausführlichen Inschriften. An der Ostseite der Kirche findet sich z.B. der Grabstein von Kapitän Dirk Meinerts Hahn (1804–1860). Hier liest man, dass er im Laufe seiner seemännischen Karriere 1838 ein Schiff mit altlutherischen Auswanderern sicher nach Südaustralien brachte und ihnen bei der Suche nach Land in der Nähe von Adelaide half. Aus Dankbarkeit nannten die Neusiedler ihren Ort Hahndorf.

Schräg gegenüber von St. Niels steht auf einer kleinen blumengeschmückten Grünfläche ein Gedenkstein für Jap Peter Hansen (1767–1855), den Begründer der nordfriesischen Literatur. Nahebei steht eine Schautafel, auf der ein Spaziergang durch Alt-Westerland empfohlen wird. Er führt am Jugendzentrum, dänischem Pastorat und Neuen Friedhof mit Gefallenen-Gedenkstätte vorbei. Entlang der Route sind auch einige historische *Friesenhäuser* sehenswert, wie sie sich etwa in der **Stadumstraße** 5 in gepflegten Gärten unter dichte Reetdächer ducken. Die unweit von St. Niels verlaufende *Deckerstraße* war übrigens die Hauptverkehrsader des alten Westerland, im Laufe der Entwicklung zum Seebad wurde zwischen Dorf und Meer die **Strandstraße** 6 angelegt, in deren Umgebung sich bald öffentliche Bauten, Hotels und Restaurants drängten. Heute bildet die lebhafte Einkaufsstraße einen Teil der *Fußgängerzone* und trägt mit Cafés, Kino und zahlreichen Geschäften wesentlich zum Flair der Stadt bei. Den landseitigen Beginn der Strandstraße markiert die dezente, gelb-weiße Fassade des traditionsreichen *Hotels Stadt Hamburg* mit seinem exquisiten gleichnamigen Restaurant. Doch den eigentlichen Auftakt zur Flaniermeile bilden kurz davor die Gebäude von Kurhaus und Alter Post. Auf dem Platz zwischen beiden findet jeden Samstag Vormittag der *Wochenmarkt* statt (während der Saison auch Mi). Das biederstolze zweistöckige Backsteingebäude der **Alten Post** 7 mit den drei schlanken Spitzgiebeln wurde 1892 für die Kaiserliche Post errichtet und 1896 um einen Anbau erweitert, 1981 übernahm die Stadt das Anwesen. Heute hat hier die Stadtbücherei (Tel. 04651/22710, Mo/Di 10–12 und 15–18 Uhr, Do bis 20, Fr 10–12, Sa 8.30–12 Uhr) einen stilvollen Platz gefunden. Seit 1985 ist ihr das kleine *Sylter Archiv* (Tel. 04651/21742, Do 10–12 und 16–18 Uhr) mit historischen Dokumenten zur Insel angeschlossen. Im südlichen Anbau zeigt die *Stadtgalerie* wechselnde Kunstausstellungen.

In der kleinen Grünanlage gegenüber erinnert ein großer schlichter Findling an die Toten der beiden Weltkriege. Vis-à-vis steht das **Kurhaus Westerland** 8, zu dem eine breite Freitreppe emporführt. Johannes Vollmer und Heinrich Jassoy entwarfen den 1898 vollendeten Bau als Ersatz für das fünf Jahre zuvor abgebrannte *Conversationshaus* (1878). Der zweistöckige lang gestreckte Bau besitzt ein Walmdach, darunter eine mit Arkadengängen geschmückte Fassade, der an beiden Seiten zwei markante Torbauten mit geschwungenen Dachhauben vorgesetzt sind. In dieser Form wurde das Gebäude auch nach einem Brand im Jahr 1950 wieder aufgebaut. Seit 1931 nutzt die Stadtverwaltung einen Teil der Räumlichkeiten als *Rathaus*, 1947 kam das Sylter Archiv hinzu, das dann 1985 in die Alte Post übersiedelte. Seit 1949 residiert hier außerdem das **Casino Westerland** (Tel. 04651/230450, Automatensaal tgl. 17–0.30 Uhr, Großes Spiel tgl. 18–2 Uhr, Jan.–Mitte April Mo/Di geschl.), übrigens die kleinste Spielbank Deutschlands. Der *Alte Kursaal* im Obergeschoss wiederum bietet Platz für Vorträge und Diaschauen. Ein nettes Terrassencafé lädt zu Kaffee und Kuchen ein.

Am meerseitigen Ende der Strandstraße garantiert seit 1993 die architektonisch einem Schiffsrumpf nachempfundene **Sylter Welle** 9 (Tel. 04651/9980, Di–Sa 10–22, So/Mo 10–21 Uhr) Baden im angenehm temperierten Nordseewasser bei jedem Wetter. Partiell in den küstenbegleitenden Dünenzug eingebaut, bietet das Freizeit- und Erlebnisbad mit Blick aufs Meer mehr als 1000 m² Wasserfläche, u. a. mit Wellenbecken, Wasserrutsche und Wikinger-Spielschiff, hinzu kommen ein Fitnessbereich und mehrere Saunen. Das unmittelbar benachbarte **Syltness-Center** 10 (Anwendungen nach Vereinbarung, Tel. 01805/009980, 0,14 €/Min.) bietet neben Wassergüssen und Solebädern auch Wellness-Angebote von Aromatherapie über Body-Styling bis zu Shiatsu-Massagen und Qi Gong bereit. Im Foyer des ersten Stocks befindet sich ein öffentlich zugänglicher Lesesaal.

Von hier sind es nur wenige Meter bis zum berühmten Zentralstrand. Man gelangt zu ihm jedoch nur über einen der befestigten *Dünenübergänge*, an denen man seine Kurkarte vorzeigen muss. Der zentrale Strandzugang liegt am Ende der bekannten **Friedrichstraße** 11, die wie die parallel verlaufende Strandstraße zur

Erlebnislandschaft für Jung und Alt: das Freizeitbad Sylter Welle in Westerland

Fußgängerzone gehört. Zwischen der Brunnenfigur Wilhelmine und dem traditionsreichen Hotel Miramar, dem das Congress Centrum Sylt gegenübersteht, bietet sie Restaurants, Boutiquen, Fischimbisse, Crêpes-Stände, Spielwarenläden und vieles andere mehr.

Beim Strandzugang führen dann einige Stufen hinab zum etwa 20 m breiten feinsandigen **Zentralstrand** 12, der mit seinem Labyrinth von Strandkörben und dem bunten Treiben der Badenden ganz den Vorstel-

Baywatch à la Sylt: Am Zentralstrand sorgen Rettungsschwimmer für Sicherheit

lungen vom Sommerurlaub in einem Seebad entspricht. Kleinkinder jagen fröhlich jauchzend die zahllosen Möwen, Strandläufer folgen joggend der Gischtspur, die die anbrandenden Wellen auf dem wunderbar weißen Sand ziehen. Und über allem spannt sich dieser unglaublich blaue Himmel, nur manchmal durch schneeweiße Kumuluswolken unterbrochen. Am Horizont vereint sich seine azurne Unendlichkeit schließlich mit der nicht minder erhabenen Weite des Meeres. Das ist Sylt wie es im Buche steht!

Der Zentralstrand ist Badegästen und Sonnenanbetern vorbehalten: Damit die unterschiedlichen Urlaubsfreuden möglichst störungsfrei verwirklicht werden können, sind die Sylter Strände in *Zonen* eingeteilt. Wer surfen, nackt baden, Drachen steigen lassen oder mit dem Hund am Strand spazieren gehen will, muss sich an die dafür vorgesehenen Strandabschnitte begeben.

Auf halber Höhe zwischen dem Zugang und dem Strand verläuft die **Kurpromenade** 13. Rechts der Treppe weitet sie sich zu einem kleinen Platz mit Erfrischungsständen, Café, *Leselounge* (tgl. 9–19 Uhr) mit großen Panoramafenstern und dem *Strandcasino* (tgl. 11–19 Uhr, Mai/Juni, Okt. bis 18 Uhr, Nov.–März bis 17 Uhr), einer Automaten-Dependance der Spielbank. Auf dem Dach der Gebäudezeile bietet eine große Terrasse freien Blick auf Strand und Meer. Unweit erhebt sich die **Musikmuschel** 14 von 1949. Von Mai bis Oktober finden hier täglich Konzerte der Reihe ›Musik am Meer‹ statt und sonntags von Juni bis September auch ökumenische Gottesdienste (11.30 Uhr, www.kirche-auf-sylt.de/westerland). Stimmungsvoll ist der Blick auf die Bühne und das sich dahinter erstreckende Meer.

Weiter nordwärts wird die Kurpromenade etwas schmäler, ist aber nach wie vor geteert. Gewissermaßen am Isthmus beginnt der *Surferstrand*, der nach dem hinter der Düne gelegenen Brandenburger Platz auch **Brandenburger Strand** 15 genannt wird. Hier treffen sich die sportbegeisterten Urlauber, tragen im Sommer im feinen knöcheltiefen Sand das *Beach Volleyball Masters* aus oder kämpfen vor der Küste um den *Catamaran Cup*. Den Höhepunkt bildet jedoch jedes

TOP TIPP

Jahr Ende September der **Surf World Cup**, der Wettkampf der weltbesten Windsurfer. Abgesehen von solchen Profis sieht man hier natürlich Surfer aller Leistungsklassen, dazu Kite Surfer, Segler und Hobiecat Piloten. Mitte Juni bis Mitte September werden täglich ›Erlebnisprogramme‹ mit Musik geboten, d.h. Beach Soccer, Beach Volleyball oder Beachminton. Außerdem kann man Frisbees, Bälle und Boccia-Kugeln kostenlos ausleihen. Abends finden die beliebten *Beach Parties* statt, für viele eine weitere sportliche Herausforderung.

Die geteerte Kurpromenade begleitet die Küstenlinie von hier aus noch etwa 1 km und endet erst kurz vor *Abessinien*, wie der nördliche FKK-Strand heißt. Läuft man am Wasser entlang weiter, erreicht man bald das Gemeindegebiet von Wenningstedt [Nr. 2].

Südlich des zentralen Strandzugangs von Westerland, unweit des Hotels Miramar, verwandelt sich die Kurpromenade in einen *Holzsteg*, der auf Stelzen am Fuß der Dünen entlangführt. Immer wieder erlauben Holztreppen den bequemen Abstieg zum Strand. Auf der Dünenseite führen zwei bedeutend längere Treppen hinauf zu einladenden Café-Restaurants, von deren windgeschützten Terrassen man das bunte Treiben am Meer beobachten kann. Der Steg endet an

TOP TIPP

der **Himmelsleiter** 16, dem höchsten Dünenübergang auf Sylt. 26 m oder strandseitig 105 Stufen geht es diesen Übergang hinauf, 95 Stufen auf der anderen Seite wieder hinunter. Auf dem Scheitelpunkt der Himmelsleiter lohnt eine kleine *Aussichtsplattform* das Verweilen. Hier erklären sieben *Schautafeln* Geologie, Flora und Fauna von Sylt. Sehr interessant ist z.B. die schematische Darstellung zur Beschaffenheit einer Düne, die vom Strand aus zunächst als Vordüne ansteigt, sich zur eigentlichen Weißdüne auftürmt, um dann landseitig als Grau- und Braundüne zum Dünental hin abzufallen. Von hier oben hat man außerdem einen herrlichen Blick über den Strand und den mit wogendem Gras und rötlich aufblitzenden Heckenrosen bestandenen Dünenzug.

Nicht weit entfernt von der Himmelsleiter liegt in den Dünen das im Juli 2004 eröffnete **Aquarium** 17 (tgl. 10–19 Uhr, www.syltaquarium.de). Unter dem Motto ›Eine Welt – zwei Ozeane‹ stellt es die Ökosysteme von Nordsee und Nordatlantik sowie die artenreiche Unterwasserwelt der Tropen vor. Zu sehen gibt es u.a. Flundern und Haie, Austern und Seeanemonen. Das Ozeanarium, eines der größten Europas, verfügt über 30 Becken, das imposanteste fasst 500 000 l Wasser.

Konzert mit Meerblick: Die Musikmuschel lädt sommers täglich zu erholsamen Klängen ein

Geht man von hier wieder zurück in Richtung Zentrum, trifft man unweit des Bahnhofs auf die Neue Kirche **St. Nicolai** 18 (Mo–Sa 9–16 Uhr, im Winter bis 16 Uhr, Gottesdienst So 10 Uhr). Schon Mitte des 19. Jh. hatte sich abgezeichnet, dass St. Niels nicht mehr genug Raum für die ständig wachsende Gemeinde des aufstrebenden Kurorts bieten konnte, doch wurde der Kirchenneubau erst 1908 fertiggestellt. Seine romanisch inspirierte backsteinrote Fassade zieren kleine Buntglasfenster sowie am Turm über dem Hauptportal Schallfenster und ein bogengeschmückter Giebel mit Uhr. Der einschiffige *Innenraum* präsentiert sich in zurückhaltendem Weiß und Grau, Ergebnis der Restaurierung 1962/63. Kaum zu glauben, dass die Kirche ursprünglich über und über in byzantinischem Stil ausgemalt war, auch Bänke und Altar waren reich verziert. Übrig blieb allein das prächtige geschnitzte Dekorband am Emporengeländer. Heute verdankt St. Nicolai Licht und Farbe hauptsächlich dem großen Fenster in der Chorapsis mit *Glasmalereien*, die Szenen der Passion Christi zeigen. Es stammt von dem Ahrensburger Künstler Siegfried Assmann, der auch die anderen Kirchenfenster mit Darstellungen zum Leben Christi schuf. Der romanische *Taufstein* stammt aus der alten Eidumer Kirche. Ein Ausstattungsstück jüngeren Datums ist die 1989 eingeweihte *Orgel*, deren sieben Register die ausgezeichnete Akustik von St. Nicolai bei Gottesdiensten und Konzerten erst richtig zur Geltung bringen.

Geht man nun wieder Richtung Strand, trifft man an der Ecke Käpt'n-Christian- und Elisabethstraße auf den **Friedhof der Heimatlosen** 19, auch Heimstatt der Heimatlosen genannt. Strandvogt Wulf Hansen Decker hatte ihn 1855 anlegen lassen, für auf See umgekommene, hier am Strand angespülte Seeleute. Die 53 schlichten Holzkreuze der namenlosen Opfer verzeichnen lediglich das Todesjahr. Die letzte Bestattung fand 1907 statt, für eine Vergrößerung des Friedhofs fehlte schon damals der Platz.

Ganz im Süden der Stadt, jenseits des netten kleinen *Südwäldchens* mit Skateboardbahn und Kinderspielplatz liegt der Westerländer **Biikeplatz** 20. Im Sommer sieht man außer einem verkohlten und ringsum stark zertretenen Fleckchen Dünensand nicht viel. Aber jedes Jahr am 21. Februar findet hier das traditionelle *Biikefeuer* statt. Aus der gesamten Gemeinde kommen Fackelzüge hierher, deren Teilnehmer dann gemeinsam die riesigen Holzscheite entzünden.

Interessant ist auch die ein gutes Stück außerhalb der Stadt gegenüber dem Dünental Dikjen Deel gelegene **Eidum Vogelkoje** 21, eine seit 1941 im Besitz der Stadt Westerland befindliche Entenfang-

Fröhliches Inferno: Beim Biikefeuer geht's heiß her, wird gesungen und getanzt

Feuer über Sylt

TOP TIPP

Hell und weithin sichtbar lodern am 21. Februar jeden Jahres die Flammen des **Biikefeuers** in den abendlichen Himmel über den nordfriesischen Inseln. Viele der Bewohner versammeln sich zu diesem Fest um gewaltige Feuer, tanzen und singen Lieder. So war es seit alters her, so ist es noch heute.

Die Biikefeuer gehen zurück auf eine uralte friesische Tradition, deren Ursprünge der Sylter Chronist Christian Peter Hansen im 9. Jh. vermutete. Das Biikebrennen zum Ende des Winters sei eine Kulthandlung gewesen, die mit einem **Frühlingsfest** zu Ehren des friesischen Kriegs- und Siegesgottes Weda (andernorts bekannt als Wodan oder Odin) einherging. Das Feuer, in dessen Mitte an einem langen Pfahl eine Strohfigur verbrannt wurde, sollte den Winter und mit ihm alles Übel austreiben. Andere heidnische Symbole wie ein brennendes Rad, das die Dünenhänge hinab auf die Felder gerollt wurde, stellten dieser Theorie zufolge die so lange entbehrte Sonne dar. Vom Sprung über das niedergebrannte Feuer schließlich hätten sich die Friesen Gesundheit und Kraft für das kommende Jahr versprochen.

Noch heute zieht das ganze Dorf am frühen Abend mit Fackeln unter fröhlicher Begleitung von Musikkapellen zum **Biikeplatz**. Dann wird unter großem Hallo das Feuer entzündet und ein Mitglied der Gemeinde hält auf **Söl'ring**, in der auf Sylt üblichen Mundart des Friesischen, eine Feuerrede. Oft geht es dabei um den Schutz der Nordsee und den Erhalt einer möglichst intakten Umwelt. Anschließend gibt es Essen, Grünkohl mit Kassler und Kochwurst, dazu ›lütten Klaren‹ oder reichlich Teepunsch und getanzt wird natürlich auch.

Kein Wunder, dass Versuche das Biikebrennen durch das christliche Petrifest zu ersetzen, in der Vergangenheit fehl schlugen. Obwohl es eigens für die Friesen in den Kalender kirchlicher Feiertage aufgenommen wurde, waren diese nicht bereit, auf ihr heidnisches Fest zu verzichten. Stattdessen verbanden sie einfach beide Feiertage miteinander, sodass noch heute auf den Biiketag der ›Pidersdal‹, also der **Petritag** folgt. Am 22. Februar haben die Kinder schulfrei und begehen den Festtag mit dem Kindertanz. Und das Taschengeld der Kleinen wird mit einem Petrigroschen großzügig aufgebessert. Die Erwachsenen erfreuen sich abends an den Spölster, friesischen Laienspielgruppen, die kurzweilige Theaterstücke möglichst auf Söl'ring darbieten. Auch Chöre und Trachtengruppen tun das Ihre, um Einheimischen und Gästen einen vergnüglichen Abend zu bereiten.

anlage. Sie entstand Ende des 17. Jh., das letzte Tier wurde hier am 4. Dezember 1935 gefangen. Von den ursprünglich vier Vogelkojen sind auf Sylt heute nur noch zwei erhalten. Die Kampener Vogelkoje [s. S. 50] vermittelt einen guten Eindruck von dem ausgeklügelten *Fangmechanismus*, die Eidum Vogelkoje hingegen harrt noch ihrer Restaurierung. Ein Besuch des urwaldartig wirkenden Geländes lohnt trotzdem, denn diese Naturkulisse ist für eine Nordseeinsel ungewöhnlich. Nahe dem zentralen schilfgerahmten Ententeich unterhält der Verein Jordsand (Tel. 0 46 51/58 12) ein kleines *Informationszentrum*, durch dessen Panoramafenster man verschiedene Enten- und Möwenarten sowie mit etwas Glück Eisvögel beobachten kann. Außerdem bietet der Verein fundierte vogelkundliche *Führungen* (März–Okt. tgl. 10 Uhr) um das angrenzende Rantumbecken [s. S. 94] an, im Anschluss kann dann die Vogelkoje selbst besichtigt werden.

Erstaunliches gibt es auch in Bezug auf ganz andere Vögel zu berichten: Der **Flughafen Sylt** 22 ist mit seinen stolzen 536 ha Betriebsfläche einer der größten Deutschlands. Das Sylter Gelände verdankt seine Größe der früheren militärischen Nutzung. Bei der ersten Landung 1913 gab es hier nur ein einfaches Flugfeld, doch im Jahr 1939 wurde es zu einem großen Fliegerhorst ausgebaut, schließlich lag die Insel aus Sicht der Nazis in strategisch wichtiger Position. Seit 1972 wird der Airport nur noch zivil genutzt. Etwa 8000 Starts und Landungen wurden 2006 gezählt und gut 110 000 Geschäfts- und Privatreisende in dem zweistöckigen *Flughafengebäude* im Pagodenstil mit integriertem Tower abgefertigt.

Außerdem liegt auf dem weitläufigen Areal auch der *Marine Golf Club* [s. S. 135], mit seinen 18 Löchern.

i Praktische Hinweise

Information

Tourismus-Service Westerland, Strandstr. 35, Service- und Buchungshotline, Tel. 01 80/5 00 99 80 (0,14 €/Min.), Fax 046 51/9 98 60 00, www.westerland.de.
Info-Shop, Congress Centrum, Friedrichstr. 44, Tel. 046 51/99 83 40.
Service-Shop, Sylter Welle, Strandstr. 32, Tel. 046 51/99 83 51. – Tagungs- und Kongress GmbH, Stephanstr. 6, Tel. 04651/99 88, Fax 046 51/99 85 55, www.buchungszentrum-sylt.de

Stadtbesichtigung

Westerland einst und heute, Sa 10 Uhr, **Alt-Westerland** So 11 Uhr. Treffpunkt und Karten bei der Touristeninfo im Bahnhof.

Öffentliche Verkehrsmittel

SVG, Tel. 046 51/83 61 00. Zwei Linien fahren vom Zentralen Omnibus-Bahnhof (ZOB) durch Westerland:
A (Südring) über Südwäldchen, Süderende und die Breslauer Straße,
B (Nordring) durch Alt-Westerland und über Nordseeklinik. Zudem Shuttleverbindungen zum Flughafen.

Fahrradverleih

Annecke und Söhne, Industrieweg 2, Tel. 046 51/67 09

Euteneuer, Norderstraße 55, Tel. 046 51/218 75

Fahrrad am Bahnhof, Gleis 1, Tel. 046 51/58 03

Leksus, Maybachstr. 22, Tel. 046 51/83 50 00

M & M, Bismarckstr. 46 und Norderstr. 19, Tel. 046 51/83 49 45

Velo Quick, Bastianstr. 33, Tel. 046 51/215 06

Sport

Aeroline Flugschule Sylt, Flughafen Westerland, Tel. 046 51/78 77, www.syltair.de. Wer nicht selbst das Fliegen lernen will, kann auch einfach dem Piloten den Rundflug über Sylt überlassen. Ausflüge zu den Nachbarinseln, nach Helgoland oder nach Dänemark.

Sunset Beach, Brandenburger Str. 15, Westerland, Tel. 046 51/271 72, www.sunsetbeach.de. Surf-, Kite- und Katamaran-Schule. Hier kann man – fast – alles lernen, was auf dem Wasser Spaß macht.

Tennis Club Westerland, Am Seedeich 38, Westerland, Tel. 046 51/67 29, www.tennisclub-westerland.de. Ausgedehntes Frei- und Hallengelände mit zehn Geodur-Plätzen draußen und drei velourausgelegten drinnen. Tennisakademie.

Einkaufen

Juwelier Barbara Beitz, Friedrichstr. 24, Westerland, Tel. 046 51/2 28 07. Große Auswahl an edlen Markenuhren sowie Juwelen und Schmuckstücke in Gold und Silber, auch Perlen und Bernstein.

Parfümerie Viglahn, Friedrichstr. 29–31, Westerland, Tel. 046 51/2 22 72.

Im Restaurant des Hotel Stadt Hamburg lässt man sich gerne verwöhnen

Ob Aqua di Parma oder Chanel No. 5, hier findet man den passenden Duft.

Prignitz-Moden, Andreas-Dirks-Str. 14, Westerland, Tel. 046 51/66 26. Der solide Herren- und Damenausstatter führt hochwertige Kleidung fast aller bekannten Markenhersteller.

Sylter Photo Galerie, Passage im Kurzentrum, Strandstraße, Westerland, Tel. 046 51/2 42 38. Wo man hinschaut Fotos von Sylt, mal sind es windzerzauste Dünen, mal sonnige Heide.

Nachtleben

Galaxis, im Hotel Roth, Strandstr. 31, Westerland, Tel. 046 51/92 30, www.galaxis-sylt.de. Das Richtige fürs Saturday Night Fever: Club-Disco im Untergeschoss mit Ausstattung aus den 1970er-Jahren, Hits der 70er und 80er.

Irish Pub, Paulstr. 11 A, Westerland, Tel. 046 51/29 96 21. Stets gut besuchtes Lokal mit rustikalem Pub-Interieur und mitreißender irischer Folk Music. Zur Auswahl stehen neben irischen Bieren vom Fass auch 64 Sorten von Malt- und anderen Whiskysorten (tgl. bis 1 Uhr).

Cave Club, Strandstr. 3–5 (neben der Sparkasse), Westerland, Tel. 046 51/ 92 79 30, www.cave-club-sylt.de. Treffpunkt der Surf People, man tanzt zu Rock, Funk, Hip Hop und Black Beat, 1970er-Jahre-Musik kann man auch wieder hören. Jeden Mittwoch Mexican Party (sommers tgl. ab 21.30 Uhr).

Camping

Dünen-Camping Westerland, Rantumer Straße, Westerland, Tel. 046 51/83 61 60, Fax 046 51/836 16 25, www.campingplatz-westerland.de. Großer Sandplatz neben dem Südwäldchen am landseitigen Fuß doch ohne direkten Zugang zu den Dünen. Freizeitprogramm für Kinder. Auf dem Gelände befindet sich auch das beliebte Lokal *Reiner's Osteria*, entsprechend turbulent geht es abends zu.

Hotels

TOP TIPP *******Hotel-Restaurant Stadt Hamburg**, Strandstr. 2, Westerland, Tel. 046 51/85 80, Fax 046 51/85 82 20, www.hotelstadthamburg.com. Das vornehme einstöckige Anwesen wurde 1869 erbaut und zählt damit zu den ältesten Hotels der Insel. In den 48 großzügigen Zimmern und 24 Suiten mangelt es an keinerlei Komfort. Hinzu kommt ein Spa- und Wellness-Center in asiatischem Stil mit allen Raffinessen. Hervorragend ist auch das Restaurant, zu dessen Klassikern etwa Matjes-Tatar, aufgeschlagene Hummersuppe und Steinbutt an der Gräte zählen.

******Miramar**, Friedrichstr. 43, Westerland, Tel. 046 51/85 50, Fax 046 51/85 52 22, www.hotel-miramar.de. Traditionsreiches Haus unmittelbar an den Dünen. 90 Zimmer auf vier Etagen verfügen über jeglichen Luxus – und viele über herrlichen Meerblick. Auch die Aussicht aus den Panoramafenstern des exquisiten Jugendstil-Speisesaals über die Dünen ins endlose Blau ist grandios. Eine Indoor-Badelandschaft rundet das Erlebnis ab.

****Strandhotel Monbijou**, Andreas-Dirks-Str. 6, Westerland, Tel. 046 51/99 10, Fax 046 51/278 70, www.hotel-monbijou.de. Die Zimmer des im Stil der 1970er-Jahre erbauten Hotels in unmittelbarer Nähe des Musikpavillions an der Strandpromenade sind großzügig ausgestattet, auch die privilegierte Aussicht aufs Meer spricht für das Haus.

****Sylter Seewolf**, Bötticherstr. 13/14, Westerland, Tel. 046 51/80 10, Fax 046 51/801 99, www.sylter-seewolf.de. Komforthotel mit 61 wohnlich ausgestatteten Zimmern in drei Gebäuden. Ruhig im südlichen Wohnviertel unweit der Friedrichstraße gelegen. Hauseigener Spielplatz, Kinderbetreuung kann arrangiert werden. Im Haupthaus befinden sich Restaurant, Pool und Fitnessbereich.

Dünenburg, Elisabethstr. 9, Westerland, Tel. 046 51/822 00, Fax 046 51/243 10, www.duenenburg.de. Ansprechendes Haus ›in der zweiten Reihe‹ unweit der Friedrichstraße. Familiäre Atmosphäre, 34 Zimmer, teils mit Balkon. Angegliedert sind eine Kaffeestube und ein gutes Restaurant.

Haus Braunschweig, Johann-Möller-Str. 38, Westerland, Tel. 046 51/982 30, Fax 046 51/98 23 45. Gehobene bürgerliche Hotel-Pension garni im Kurviertel nahe dem Surfstrand. Das propere Eckhaus mit 15 Zimmern und Garten wurde 1902 als Logierhaus errichtet.

Hotel Vier Jahreszeiten, Johann-Möller-Str. 40, Tel. 046 51/986 70, Fax 046 51/98 67 77, www.sylt-vier-jahreszeiten.de. Das Hotel garni ist familiär geführt und überzeugt durch zuvorkommenden Service.

Parkhotel am Südwäldchen, Fischerweg 45, Westerland, Tel. 046 51/83 63 00, Fax 046 51/836 30 63, www.parkhotel-sylt.de. Familienfreundliches Hotel garni, versteckt in einem ruhigen Wohnviertel unweit von Südwäldchen, Dünen und Strand. Die 24 Zimmer sind hell und freundlich möbliert, im Haupthaus stehen Pool, Sauna und Solarium zur Verfügung.

Restaurants

Alte Friesenstube, Gaadt 4, Westerland, Tel. 046 51/12 28. Im ältesten Haus der Insel von 1648 werden neben traditionellen Gerichten auch feinste Speisen für höchste Ansprüche serviert.

TOP TIPP **Jörg Müller**, Süderstr. 8, Westerland, Tel. 046 51/277 88, www.hotel-joerg-mueller.de. Ein Michelin-Stern ehrt den Hausherrn, der seit mehr als 20 Jahren im nach ihm benannten Gourmetrestaurant (Di–So 18–22 Uhr) bzw. im etwas schlichteren Pesel (Mi–So 12–14 und 18–22 Uhr) immer wieder aufs Neue den Gaumen überrascht und kitzelt. Müllers Kreationen heißen Gänseleberguglhupf in Traminergelee oder gebackene Wildaustern mit Pesto-Kartoffelsalat, zum Nachtisch locken Nektarinen im Brickteig, Bananen-Physalisragout oder Knuspertrüffel. Exklusiv und mit allem Komfort ausgestattet sind auch die 19 Gästezimmer und vier Apartments des Hotels.

Lakshüs, im Hotel Dorint, Schützenstr. 22–26, Westerland, Tel. 046 51/85 00, www.dorint.com. Restaurant mit gehobener regionaler Küche und ausgewogenem Preis-Leistungs-Verhältnis. Auch Kinder sind gern gesehene Gäste, es gibt sogar eine Spielecke für die Kleinen.

Luzifer, Andreas-Dirks-Str. 10, Westerland, Tel. 046 51/92 77 22. Großes buntes Speiselokal am zentralen Strandzugang. Fensterplätze und die Terrasse bieten

Direkt an den Dünen gelegen, bietet das Hotel Miramar einen grandiosen Ausblick

eine wunderschöne Aussicht auf Strand und Meer, während man genüsslich etwa Krabbensalat verspeist (tgl. 9–22 Uhr).

Mariso, Paulstr. 10, Westerland, Tel. 046 51/29 97 11. Legeres Fischrestaurant an Westerlands ›Ausgehmeile‹. Besonders gut ist das Preis-Leistungs-Verhältnis an Thementagen: Montags gibt es z. B. Makrelen vom Grill, mittwochs ›Muscheln satt‹ und donnerstags ist Paella angesagt.

Sylt-Kantine, Keitumer Chaussee 6a, Westerland, Tel. 046 51/29 90 11. Nicht das edelste, aber eines der günstigsten Restaurants im Gebäude der früheren DB-Kantine nahe dem Bahnhof. Es gibt Hausmannskost, die Tageskarte bietet frische Grüne Heringe ebenso wie Hühnerfrikassee oder Rinderbraten.

Thomas Timm ›Culinarium‹, Strandstraße 6 W, Westerland, Tel. 046 51/ 92 95 18. In dem kleinen, aber ausgesprochen feinen Lokal werden Fischspezialitäten und Lamm von der Insel aufgetischt. Reservierung empfohlen!

Café

Café Wien, Strandstr. 13, Westerland, Tel. 046 51/53 35, www.cafe-wien-sylt.de. Weil man nicht alle diese köstlichen hausgemachten Kuchen und Torten auf einmal probieren kann, ist das Wiederkommen schon vorprogrammiert. Für die nicht ganz so ›Süßen‹ gibt es kleinere Gerichte zu erschwinglichen Preisen.

2 Wenningstedt *Plan Seite 34*

Distinguiertes Seebad am Beginn des grandiosen Roten Kliffs.

Die Gemeinde Wenningstedt, zu der auch das östlich gelegene Braderup [Nr. 3] gehört, ist von Westerland heute nur noch durch das Nordwäldchen und einen Streifen unbebauten Landes getrennt. Es scheint lediglich eine Frage der Zeit zu sein, bis die beiden Orte ganz zusammengewachsen sind. Gegenwärtig hat Wenningstedt 1600 Einwohner, hinzu kommen 1800 Zweitwohnungsbesitzer.

Geschichte Offensichtlich zog es bereits in der Jungsteinzeit vor rund 5000 Jahren Menschen in diese Gegend. Sie hinterließen den *Denghoog*, einen beeindruckenden Grabhügel. Angeln und Sachsen sollen angeblich um 450 n. Chr. von hier aus in das von den Römern verlassene England aufgebrochen sein. Sicher ist, dass seit dem 5. Jh. Friesen in dieser Gegend siedelten. Das friesische **Woningstair** lag etwa 2 km westlich des heutigen Ortes und hatte wohl einen Hafen, doch das alles wurde eines stürmischen Tages vom Meer verschlungen.

Aus der relativen Bedeutungslosigkeit tauchte Wenningstedt erst auf, als ab Mitte des 17. Jh. seine Männer auf dänischen, niederländischen oder norwegischen Schiffen auf **Walfang** auszogen und in der Folge ein gewisser Wohlstand im Dorf einkehrte. Schließlich erreichte auch der Mitte des 19. Jh. aufkommende **Badetourismus** Wenningstedt, wenngleich die Anfänge recht bescheiden waren. Im Jahr 1859 z. B. zählte man ganze 20 Logiergäste. Zum *Seebad* avancierte das Dorf 1927. Mitte der 1930er-Jahre verbrachten hier Hermann und Emmy Göring ihre Ferien, zuvor hatte das Ehepaar schon häufiger in Kampen logiert. In Wenningstedt ließen sie sich von Otto Heilmann das Haus *Min Lütten* im Friesenstil bauen, es liegt im Süden des Ortes und befindet sich in Privatbesitz.

In Wenningstedt lässt sich besonders gut nachvollziehen, wie viel Land von der Insel durch Wind und Wogen beständig abgetragen wird. 1902 etwa wurde auf dem Roten Kliff, knapp 100 m vom Strand entfernt, das *Hotel Zum Kronprinzen* errichtet. Die Abbruchkante des Kliffs rückte dem Haus in den folgenden Jahrzehnten immer näher, nach der Sturmflut von 1955 hing das Hotel schließlich zum Teil über die Kante hinaus und musste abgerissen werden. Dasselbe Schicksal ereilte 1983 auch die *Kurhaus-Strandhalle*, die zuvor bereits zweimal (1927 und 1949) weiter nach Osten versetzt worden war. Ein kleiner Teil des Gebäudekomplexes blieb jedoch erhalten und wurde in den Neubau des *Restaurants Kliffkieker* integriert, das heute unmittelbar an der Abbruchkante steht – gefährlich nah, wie manche Beobachter finden.

Mit der Neuordnung 1927 gingen aus den damaligen *Norddörfern* die beiden nunmehr eigenständigen Gemeinden Kampen und **Wenningstedt-Braderup** hervor. Letzteres darf sich seit 1960 auch offiziell zu den *Nordseeheilbädern* zählen. Anscheinend waren die Stadtväter der Meinung, ein solcher Titel verpflichte. Daher ließen sie 1989 auf freiem Gelände im Nordosten den *Golf-Club Sylt* [s. S. 135] mit

Bollwerk gegen Flut und Strömungen: Buhnen am Weststrand vor Wenningstedt

18 Löchern anlegen. Ganz in der Nähe gastiert während der Saison der **Insel Circus** [s. S. 133] mit einem bunten Programm. Unweit davon bietet *Mini-Cross Sylt* (s. u.) den Kleinen Fahrspaß auf zwei Rädern.

Besichtigung Eine kurze, Fußgängern vorbehaltene Stichstraße führt vorbei an mehreren Gaststätten, wie Gosch oder Kliffkieker zum zentralen *Strandzugang* von Wenningstedt. Hier steht man schon auf der Höhe des Roten Kliffs, in seiner ganzen Pracht kann man es aber erst bewundern, wenn man die Holztreppe abwärts über mehrere Plattformen den etwa 20 m breiten **Weststrand** 1 erreicht. Noch an der Treppe lockt ein Café-Restaurant mit schönem Blick zum Verweilen. Das Panorama kann man auch von einer Aussichtsplattform auf dem Kliff knapp 100 m weiter nördlich genießen. Das Treiben am Strand ähnelt dem Westerlands. Wenningstedt selbst hat zwar keine Promenade, doch hier gibt es ebenso Sonnenanbeter und stolze Strandkorbbesitzer, Strandgymnastik und Ballspiele, weiter südlich Windsurfer und Nacktbader. Das Besondere ist natürlich das atemberaubende **Rote Kliff** [s. S. 48], das im Ortsbereich schon fast seine Spitzenhöhe von 30 m erreicht und sich von hier bis Kampen an der Küste entlangzieht.

Ganz anders bietet sich der Wenningstedter **Dorfteich** 2 mit seinen beiden Vogelinseln dar. Am Ufer stehen reizende reetgedeckte Friesenhäuser, auf der Ostseite liegt ein netter kleiner Park mit Entenhaus. Das idyllische Gewässer kann man auf einem *Fußweg* umrunden.

Wenige Meter östlich des Dorfteichs jenseits einer schmalen Fahrstraße liegt hinter einigen Birken und hohen Büschen versteckt die **Friesenkapelle** 3, Wenningsteds evangelische Kirche. Der kleine einschiffige Bau aus rotem Backstein mit seinem niedrigen Kirchturm entstand 1914. Der Innenraum zeigt sich in zurückhaltendem Jugendstil. Die wie ein Schiffsrumpf gewölbte *Decke* ist mit Szenen aus der Bibel bemalt, auf den Wänden darunter läuft ein Schriftband um, auf dem das *Vaterunser* in *Söl'ring*, dem Sylter Friesisch, zu lesen ist. Die ungewöhnliche, vollständig blau-weiß gekachelte *Altarwand* erinnert an einen Pesel, die friesische Gute Stube. Rechts vom Altar öffnet sich eine Nische mit einem *Kerzenschiff* (2003), einem Kerzenhalter aus Kupfer in Form eines offenen Bootes von Robert Morell. Es steht für die maritime Tradition Wenningstedts. Das starkfarbige Gemälde (1995) gegenüber stammt von Hans Brinkmann aus Braderup.

Auf der Wiese hinter der Friesenkapelle keine 50 m weiter erhebt sich ein

Badespaß und Strandkorbfreuden bietet der ausgedehnte Weststrand Wenningstedts ▷

eingezäunter grasbewachsener Erdhügel. An seinem teils mit grobbehauenen Felsbrocken befestigten Unterrand misst er im Durchmesser rund 32 m und steigt sanft bis zu einer Mittelhöhe von 3,5 m an. Es handelt sich hierbei um den

TOP TIPP **Denghoog** 4 (April–Okt. tgl. 10–16 Uhr, sonst nach telefonischer Vereinbarung, Tel. 0170/697 16 87), ein vorzüglich erhaltenes steinzeitliches Ganggrab und eine der bedeutsamsten Sehenswürdigkeiten Sylts. Er wurde um 3000 v. Chr. angelegt. Das Kernstück bildet ein 6 m langer und 1 m hoher Gang, er mündet in die ellipsenförmige 5 x 3 m große mannshohe Grabkammer. Alle Wände bestehen aus Tragsteinen, riesigen unbehauenen Findlingen, auf denen gewaltige Decksteine ruhen. Die Grabkammer überfangen drei gigantische tonnenschwere Felsen, der mittlere

schwerste wiegt 18 t. Wie es den steinzeitlichen Erbauern gelang, solche gigantischen Bauelemente herbeizuschaffen und aufzurichten, wird für die Wissenschaft wohl immer ein Rätsel bleiben, an Theorien mangelt es allerdings nicht. Der umhüllende Erdhügel wurde schichtweise um das *Ganggrab* aufgehäuft. Er schützte die Anlage bis zum Jahr 1868, als der Hamburger *Ferdinand Wibel* (1840–1902) erstmals archäologische Grabungen vornahm. In der unberührten Grabkammer fand er mehrere Urnen und ein Skelett, unter den Grabbeigaben waren ein Rinderzahn, Trichterbecher, Beile und Meißel aus Stein, Feuersteinklingen sowie sechs Bernsteinperlen. Abgüsse einiger Funde sind im Sylter Heimatmuseum in Keitum [s. S. 78] zu sehen, die Originale präsentiert das Schleswig-Holsteinische Landesmuseum Schloss Gottdorf. Zur Besichtigung des Denghoog steigt man durch eine Öffnung am Scheitel des Hügels direkt in die Grabkammer hinab, bei gutem Wetter kann man aber auch den engen Zugang durch den Gang

Schlicht und freundlich: die im Jugendstil gestaltete Friesenkapelle in Wenningstedt

wählen. Ein solcher Ausflug in die Vergangenheit ist nichts für Leute, die zu Klaustrophobie neigen, denn der Zugang ist eng und innen überkommt einen angesichts der sich von der Decke bauchig herunterwölbenden Steinriesen leicht ein beklemmendes Gefühl.

Hinter dem Denghoog führt ein schöner *Fuß- und Fahrradweg* zunächst durch ein kleines Wäldchen, dann über offenes Feld parallel zur Straße Richtung Kampen.

i Praktische Hinweise

Information

Tourist-Service Wenningstedt-Braderup, Osetal 5, Wenningstedt, Tel. 046 51/44 70, Fax 046 51/447 40, www.wenningstedt.de.
Kurzentrum Am Kliff (im Bau), Strandstr. 25, Wenningstedt, www.amkliff-wenningstedt.de

Rätsel der Steinzeit: das aus gigantischen Felsblöcken errichtete Ganggrab Denghoog

Lauschiges Plätzchen für laue Sommerabende: Strandbistro in Wenningstedt

Führungen

Naturzentrum Braderup, Tel. 046 51/444 21 [s. S. 40]. Geführte Strandwanderungen entlang des Roten Kliffs (Sept./Okt. Di 10 Uhr, gegen Spende).

Fahrradverleih

Eddie's Fahrradverleih, Dünenstr. 11, Wenningstedt, Tel. 046 51/410 67

Holst, Osterweg 23, Wenningstedt Tel. 046 51/433 15

M & M, Hauptstr. 8–14, Wenningstedt Tel. 046 51/459 06

Sport

Camp One, Am Trampolinplatz, Wenningstedt, Tel. 046 51/433 75, www.surfschule-wenningstedt.de. Ausrüstungsverleih und Kurse für Windsurfen und Wellenreiten, auch das schnelle Kite Surfen kann man mit 4-Liner-Kites lernen. Außerdem Vermietung von Wave-Skis, Boogie- und Skim-Boards.

Mini-Cross Sylt, beim Sportplatz Wenningstedt an der Norddörfer Halle, www.mini-cross.de. Sogar Sechsjährige steigen schon auf die knatternden Mini-Cross-Maschinen und düsen auf der ovalen Rennstrecke ab. Keine Angst, sie ist mit Gummireifen und Strohballen hinreichend gesichert (im Sommer bei trockenem Wetter tgl. 10–13 und 15–20 Uhr).

Camping

Camping Wenningstedt, Am Dorfteich, Wenningstedt, Tel. 046 51/94 40 04, Fax 046 51/94 40 06. Properer kommunaler Platz am nördlichen Ortsrand zwischen Wäldchen und steilem Dünenhang nahe Strand, Denghoog und Friesenkapelle (April–Okt.).

Hotels

TOP TIPP ****__Lindner Hotel Windrose__, Strandstraße 21–23, Wenningstedt, Tel. 046 51/94 00, Fax 046 51/94 08 77, www.lindner.de. Feines Haus in erstklassiger Lage nahe dem Strand. Geräumige Zimmer, die oberen Stockwerke bieten nach Westen hin freien Meerblick. Tagungsräume, Solarium, Pool, Dampfbad und Beautybehandlungen. Das exklusive Restaurant lädt zum gepflegten Dinner.

***__Friesenhof__, Hauptstr. 16, Wenningstedt, Tel. 046 51/94 10, Fax 046 51/94 12 22, www.sylt-friesenhof.de. In dem modernisierten Gehöft von 1750 im Zentrum vermietet Familie Rohde freundliche Zimmer und Ferienwohnungen. Im Haupthaus gibt es Bibliothek, Sauna und Solarium. Idyllisch: Durch den ausgedehnten Garten watscheln schon mal Enten und Gänse.

***__Gästehaus Luuward__, Risgap 17, Wenningstedt, Tel. 046 51/946 10, Fax 046 51/424 03, www.pension-luuward.de. Familiäres Backsteinhaus in ruhiger Lage nahe Kurzentrum und Strand. Einige der sechs hellen Zimmer bieten Seesicht.

***__Haus Heideresidenz__, Im Grund 35, Wenningstedt, Tel. 046 51/83 30, Fax 046 51/94 87 73, www.haus-heideresidenz.de. Günstiges strandnahes Urlaubsdomizil in unauffälligem Wohnhaus mit Zimmer- und Apartmentvermietung.

Fitschen am Dorfteich, Am Dorfteich 2, Wenningstedt, Tel. 046 51/321 20, www.fitschen-am-dorfteich.de. Gemütliche Gastzimmer im 2005 renovierten Reethaus am Teich, Gartenterasse mit Strandkörben. Die friesisch-schwäbische Küche bietet frischen Fisch ebenso wie Maultaschen (Juni–Sept. tgl. ab 12 Uhr, sonst Di geschl.).

Restaurants

Gosch, Am Kliff, Strandstr. 27, Wenningstedt, Tel. 046 51/456 88. Ganz nah an der Abbruchkante des Kliffs und gegenüber dem Kliffkieker gelegen, bietet Gosch hier neben Paella und Riesenscampi vor allem eine grandiose Aussicht auf Meer, Strand und Kliff. Entsprechend dicht belagert sind vor allem abends die Stehtische im Freien, nach dem Essen bleibt man gern noch auf ein Bier, ein Gläschen Sekt oder einen Longdrink.

Kliffkieker, Strandstr. 24, Wenningstedt, Tel. 046 51/428 31, www.kliffkiekersylt.de. Unmittelbar neben dem zentralen Strandzugang am oberen Dünenrand gelegen. Fensterplätze und Terrasse bieten einen schönen Blick auf Meer und Kliff. Zu dieser Kulisse passt gut Matjesfilet gefüllt mit Krabben oder Heringstopf ›Rotes Kliff‹. In Vollmondnächten können Junge und Junggebliebene ab 22 Uhr beim ›Dans op de Deel‹ bis spät in die Nacht hinein das Tanzbein schwingen.

Lässig, Dünenstr. 20, Wenningstedt, Tel. 046 51/945 00, www.strandhoern.de.

Wohlfühloase für gehobene Ansprüche: der Pool des Lindner Hotels Windrose

Hervorragendes Abendrestaurant im ebenso exklusiven Familienhotel *Strandhörn*. Für frischen Wind in der Küche und moderne Kunst im Gastraum sorgt Dirk Lässig, der sich auch Gaumenkitzler wie Brunnenkresseschaumsuppe und getrüffeltes Kotelett vom Stubenküken einfallen lässt (Do–Di 18–22 Uhr).

Tampe's Restaurant, Westerlandstr. 12, Wenningstedt, Tel. 046 51/426 53. Gepflegte Gastronomie, die neben regionaler Küche auch Edles bietet, beachtlich ist etwa die Austernkarte.

Wenningstedter Krug, Wenningstedter Hauptstr. 1, Wenningstedt, Tel. 046 51/946 50. Das Restaurant präsentiert Sylter Küche für gehobene Ansprüche wie Steinbeißerfilet an Gurkengemüse oder Keitumer Leber mit Kräuterjus. Experimentierfreude stellt etwa Meeräsche auf Ananaskraut unter Beweis (Do–Di 8–22.30, im Winter ab 18 Uhr). Gastzimmer anbei.

3 Braderup

Bezaubernd schöne Natur, vom Weißen Kliff bis zur rotblühenden Heide.

2 km östlich von Wenningstedt liegt das 300-Seelen-Dorf Braderup (davon 185 Zweitwohnungsbesitzer) an der Wattenmeerseite Sylts. Und wenn Gäste auch auf einen Strand wie an der Westküste verzichten müssen, so finden sie hier doch eine weitere bemerkenswerte Abbruchkante, das **Weiße Kliff**. Auf die Lage nimmt auch der alte Ortsname aus dem 16. Jh. Bezug, denn *Brererep* bedeutet eigentlich ›Dorf am Abhang‹. Seit dem Jahr 1927 ist Braderup ein Teil der Gemeinde Wenningstedt-Braderup. Die schmalen Straßen des Ortes säumen zahlreiche malerische *Friesenhäuschen*, teils in ausgedehnten Gärten hinter Obstbäumen und Buschwerk gelegen. Einen besonders schönen Anblick bietet im nördlichen Teil des M.-T.-Buchholz-Stigs im Zentrum das **Haus Weißes Kliff** 1. Kapitän Andreas Hansen hatte den zweistöckigen Bau 1852 an sein eigenes, viel kleineres *Friesenhäuschen* anbauen lassen, heute ist es ein Hotel mit Traditionslokal (s. u.).

Im Zusammenhang mit Braderup ist aber vor allem die Rede vom sehenswerten **Naturzentrum Braderup** 2 (M.-T.-

Lauschiges Plätzchen mit Panorama- und Gaumenfreuden: Das direkt am Kliff von Wenningstedt gelegene Restaurant Gosch ist stets ein beliebter Treffpunkt

Buchholz-Stig 1, Tel. 046 51/444 21, www.naturschutz-sylt.de, April–Okt. Mo–Sa 10–18 Uhr), das nach der engagierten Wenningstedter Naturschützerin Enss (1922–2001) auch *Clara-Enss-Haus* genannt wird. Das Holzgebäude am südlichen Ortsausgang stimmt bereits im Außenbereich auf das Thema Naturschutz ein: mit dem schilfgerahmten Teich, einer Benjeshecke aus Reisig und kleineren Ästen, einem Gewürz- und einem *Geschiebegarten*, der Erläuterungen zu den verschiedenen auf Sylt vorkommenden Gesteinsarten bietet. Sowohl an der Hausfassade als auch an den umgebenden Bäumen hängen zahlreiche Nistkästen, Schlafröhren und Spinnenrahmen für Turmfalken, Hornissen oder Ohrwürmer. Im Gebäude selbst informieren großformatige Wandtafeln über Flora und Fauna Sylts und der Nord-

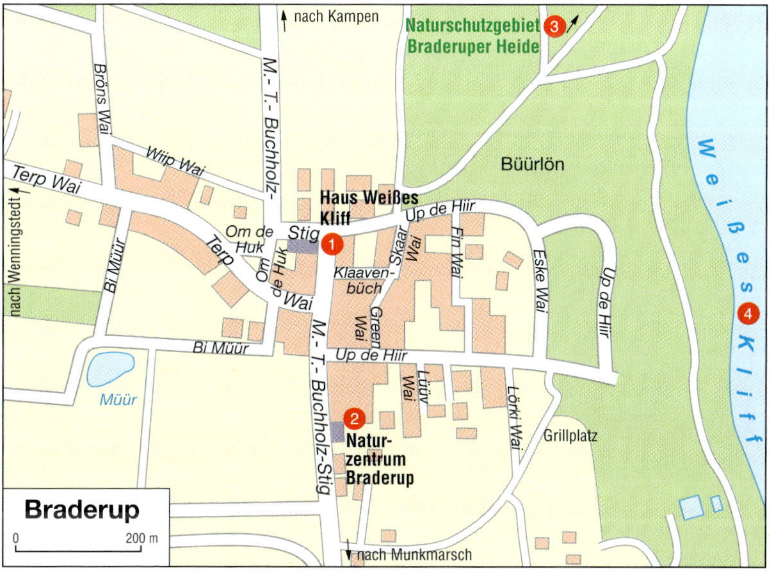

Grandiose Inszenierung Sylter Pflanzenwelt: Naturschutzgebiet Braderuper Heide

see. Hier erfährt man aber auch Skurrilitäten wie, dass Füchse erst in den 1930er-Jahren über den Hindenburgdamm vom Festland aus nach Sylt einwanderten. Weitere Dokumentationen sind den vielfältigen Lebensräumen Sylts gewidmet, sie erklären etwa den Unterschied zwischen Besen-, Geest-, Dünen- und Küstenheide. Den Abschluss bilden einige kleine, kenntnisreich bestückte Aquarien, in denen man von der rotgepunkteten Scholle bis zur fünfbärteligen Seequappe allerlei hiesige Meeresbewohner aus der Nähe betrachten kann.

Derart gut vorbereitet sollte man unbedingt einen Teil des soeben Erfahrenen live begutachten, nämlich bei einem ausgedehnten Spaziergang durch das **Naturschutzgebiet Braderuper Heide** 3. Die herrliche Heidelandschaft zieht sich auf 137 ha Fläche nordwärts von Braderup bis nach Kampen. Vom Naturzentrum aus führt die nächste Querstraße im Ort, die passenderweise *Up de Hiir* – ›Auf der Heide‹ heißt, Richtung Wattenmeer. Ab dem Parkplatz am Ende der Straße geht es nur noch zu Fuß oder mit dem Fahrrad weiter, zunächst vorbei an den Resten einer alten *Ringfeste*, die etwas großspurig ›Akropolis‹ genannt wird. Gleich danach stößt man auf den Küstenweg, der entlang des Weißen Kliffs (s. u.) rechts Richtung Munkmarsch, links zur eigentlichen Heide führt. Kurz nachdem man vor der Küste die Reste des Restaurantschiffs ›Marianne‹ gewahrt hat, sieht man schon die ganze Pracht der würzig duftenden, knöchel- bis kniehohen Heide. Die sanft gewellte, rosa gepunktete Fläche aus Besen- und Kriechheide ist durchsetzt mit geflecktem Knabenkraut, Arnika und Sonnentau. Sogar der seltene blaue *Lungenenzian* ist hier zu finden. Dazwischen bauen gern Rotschenkel ihre Nester, in den zum Meer hin mit Schilf durchsetzten Zonen sind Austernfischer und Brandgänse zuhause. 1979 wurde die Braderuper Heide unter

Schutz gestellt, um den Lebensraum und Fortbestand ihrer 150 Pflanzen- und 2500 Tierarten zu sichern.

Südlich von Braderup verändert die Küste ihr bisheriges Erscheinungsbild. Läuft sie ansonsten eher flach aus, fällt sie nun unter der gewohnt grünen Vegetationsdecke aus Wiesen und Weiden etliche Meter steil ab. Es handelt sich hierbei um das **Weiße Kliff** 4, eine Abbruchkante aus weißem, teils bröckelig, teils lehmig wirkenden Kaolinsand. Das *Weiße Kliff* hat die gleiche erdgeschichtliche Entstehungsgeschichte wie das ebenfalls an der Wattseite gelegene *Morsum-Kliff* [s. S. 86]. Das Kliff zwischen Braderup und Munkmarsch ist weit weniger gut erschlossen als das von Morsum. Zwar folgt ein Fußweg dem Küstenverlauf, doch führt er nicht nur am oberen Klippenrand vorbei, sondern auch an einer Kiesgrube und der einstigen Braderuper Mülldeponie, die zum Glück geschlossen wurde und nun renaturiert wird.

Übrigens spielen allerlei Sylter **Sagen** und **Legenden** am Kliff und in der Heide von Braderup. So sollen hier unter der Erde Zwerge gelebt haben, die *Önereersken* [s. S. 90].

i Praktische Hinweise

Sport

Bodil's Ponyfarm, Terpwai 20, Braderup, Tel. 046 51/424 44. Die Ponyfarm bietet Reitvergnügen für Jung und Alt auf Shetland und Island Ponies; einige ›große‹ Pferde gibt es auch. Unterricht und Ausritte.

Hotel

Weißes Kliff, M.-T.-Buchholz-Stig 9, Braderup, Tel. 046 51/430 08, Fax 046 51/ 44 64 03, www.weisses-kliff.de. Gemütlicher Landgasthof von 1852. Über dem Gastraum (April/Mai 17.30–21, Mai–Sept. bis 22 Uhr) stehen im 1. Stock sechs nette Gästezimmer zur Verfügung. Eine nette Liegewiese lädt hinterm Haus zur Entspannung, nur wenige Gehminuten sind es jeweils zum Wattenmeer oder in die Braderuper Heide.

Veuve Clicquot
Veuve Clicquot

Nördliches Sylt – von Promis und Piloten

Der Norden Sylts, eine schmale rund 17 km messende Landzunge, erstreckt sich zwischen zwei Orten mit ganz unterschiedlichem Charakter, im Süden das Bilderbuchdorf **Kampen** und im Norden das eher nüchterne Hafenstädtchen List. In Kampen, ›Deutschlands prominentestem Dorf‹, besitzen viele Reiche und Berühmte aus allen Teilen des Landes ein Feriendomizil. Zu den hiesigen landschaftlichen Schönheiten gehört das *Rote Kliff*, eine Abbruchkante, die bei Sonnenuntergang häufig feuerrot aufleuchtet. Eindrucksvoll ist auch die 52,5 m hohe *Uwe-Düne*, Sylts höchste Erhebung, von der man weit über die Dünenlandschaft blickt, mit dem Leuchtturm *Quermarkenfeuer*, dem Wahrzeichen des Ortes. Kampens Ruf als wilde Partymetropole haben legendäre Bars und Clubs wie die am östlichen Ortsrand gelegene *Kupferkanne* begründet, aber auch die einst für ausschweifende Feten bekannte *Buhne 16* am nördlichen FKK-Strand. Letztere zieht noch heute zahllose Nachtschwärmer an.

Die wildromantische Sand- und Strandlandschaft setzt sich auch weiter nördlich fort, wo das Naturschutzgebiet mit den in Deutschland einzigartigen **Wanderdünen** liegt. Die beeindruckenden Sandriesen können allerdings nur von Straße oder Radweg aus bewundert werden.

Eine ganz anders geartete Landschaft bietet die **Ostküste**. Dort findet man z. B. ein hübsches Wäldchen mit plätschernden Wasserläufen, die *Kampener Vogelkoje*, eine restaurierte Entenfanganlage aus dem 17. Jh. Nordwärts folgt am Ufer des Wattenmeers zunächst flaches Marschland, das allmählich in die karge faszinierende Dünenszenerie von **Listland**, dem knaufartig sich erweiternden Nordende von Sylt, übergeht. Ein lohnender Abstecher führt zum **Ellenbogen**, einer Nehrung im äußersten Norden mit einzigartig urtümlicher Dünen- und Strandlandschaft, mit schönem Blick von der *Ellenbogenspitze*.

Jenseits grüßen schon die Häuser von **List** herüber, meist nüchterne Backsteinbauten, die das Stadtbild des einstigen Militärstützpunktes prägen. Lange Zeit durchbrachen Kampfjets über dem Ort mit ohrenbetäubendem Knall die Schallmauer, übten Piloten auf dem Luft-Boden-Schießplatz der Ellenbogen-Nehrung zielgenauen Bombenabwurf. Mittlerweile wurde der letzte Stützpunkt der Bundeswehr auf Sylt geschlossen, was vor allem die Naturschützer begrüßen. Einige Lister machen sich zwar Sorgen um die Zukunft, doch sie haben schon andere Flauten gemeistert. So brach im Jahr 1925 mit der Austernzucht eine ihrer bis dato wichtigsten Erwerbsgrundlagen weg. Das Leben ging trotzdem weiter, und die Austernzucht konnte sich 1986 durch *Dittmeyer's Austern Compagnie* wieder etablieren. Heute ist List ein angenehmes Städtchen, im Hafen starten Ausflugsschiffe zu Fahrten ins Wattenmeer, die Fähren zur dänischen Nachbarinsel Rømø legen ab und Kreuzfahrtschiffe an. Die Gäste können den ›Landgang‹ zum Shoppen in der restaurierten Tonnenhalle nutzen. Neben edlen Boutiquen laden Schmuckgeschäfte oder Cafés zum Flanieren ein. Vergnüglich ist nicht zuletzt der Besuch beim berühmten Fischhändler *Gosch*, der mit einer Imbissbude begann und heute ein Restaurantimperium mit köstlichen Fisch- und Meerestiergerichten besitzt.

◁ *Sehen und Gesehen werden ist das Motto des Prominentendorfs Kampen: Leuchtturm Rotes Kliff* (**oben**) *und Strönwai mit Restaurant Gogärtchen* (**unten**)

4 Kampen

TOP TIPP *Feriendorf der VIPs zwischen Rotem Kliff und rosa Heide.*

Kampen lebt vom Flair seiner Urlaubsgäste, den Geschichtchen und Anekdoten, die sich um Reiche und Berühmte von einst und jetzt ranken. Sie gaben und geben ›Deutschlands prominentestem Dorf‹ jene Aura von Exklusivität und Schick, für die es weltweit bekannt ist.

Geschichte Erste **Badegäste** wurden im Jahr 1856 verzeichnet, 1894 errichtete Hermann Gustav Haberhauffe im bereits boomenden Kampen das *Kurhaus-Hotel*. Ein weithin bekannter Treffpunkt von Künstlern und Intellektuellen war später das *Haus Uhlenkamp*, das sich der Berliner Verleger und Sylt-Liebhaber Ferdinand Avenarius 1903 in Kampen bauen ließ. Es waren überhaupt **Maler** gewesen, die Ende des 18. Jh. als erste das auf der 27 m hohen Geest gelegene Dorf für sich entdeckt hatten. Hier fanden sie auf engem Raum alles, was Sylt an landschaftlichen Schönheiten zu bieten hat: erikablühende Heide und saftige Marschwiesen, geheimnisvolles Wattenmeer, sanfthügelige Dünen, beeindruckende Hünengräber, wild anbrandende Nordsee, breiter feiner Sandstrand – und natürlich die grandiose Abbruchkante des Roten Kliffs. Und wem der Sinn einmal nach urbaner Abwechslung stand, hatte es nicht weit nach Wenningstedt oder Westerland.

Die Verbindung zwischen Kampen und dem nur knapp 2 km entfernten südlichen Nachbarn *Wenningstedt* [Nr. 2] ist auch historisch bedingt. Bis zur Gemeindereform von 1927 bildeten die beiden Orte zusammen mit Braderup als so genannte **Norddörfer** eine Verwaltungseinheit. Nach der Trennung ging das damals auch schon in Industriellenkreisen bekannte Kampen eigene Wege und entwickelte sich rasch zum Lieblings-Feriendorf der deutschen High Society, 1971 wurde es *Nordseebad*.

Heute verbringen jedes Jahr rund 35 000 Gäste ihren Urlaub in Kampen, das 700 Einwohner und mehr als doppelt so viele Zweithausbesitzer zählt. Und es sind tatsächlich Einfamilienhäuser, Bungalows und Villen, die hier als Domizile dienen. Das einheitliche Ortsbild verdankt man dem **Ortsstatut** von 1913, demzufolge nur im ›traditionellen‹ *Friesenstil* mit rotem Backstein, Reetdach, höchstens 8 m hoch und mit mindestens 24 m Abstand zum Nachbarn gebaut werden darf.

Zur *Prominenz*, die in Kampen ein Häuschen im Grünen besitzt, gehören Sportler, TV-Moderatoren, Schauspieler und Industriekapitäne, doch sie leben eher zurückgezogen. Ideal für das beliebte Gesellschaftsspiel des sehen und gesehen werdens sind der *Weststrand* und das zum Flanieren einladende Zentrum. Nicht nur für seine Designer Shops und Kunstgalerien ist Kampen berühmt, sondern vor allem für seine Restaurants und Bars. Der *Strönwai*, die Straße, die vom Kaamp-Hüs Richtung Strand führt, trägt nicht umsonst den Beinamen Whisky-Meile, denn hier kann man von Tresen zu Tresen ziehen und im *Gogärtchen* oder *Pony* die Nacht zum Tage machen.

Besichtigung Das historische Zentrum erstreckt sich um den **Dorfkrug Rotes Kliff** ❶, der heute wie zur Zeit seiner Gründung Ende des 19. Jh. ein Restaurant beherbergt. Der Kampener Bleicke M. Bleicken, 1876 Initiator des hiesigen Badebetriebs [s. S. 20], ließ das stattliche Reethaus damals errichten. Von hier aus ist es entlang des Brönhooger Weges nicht weit zum 1855 erbauten **Leuchtturm Rotes Kliff** ❷, dessen Licht 21 Seemeilen weit zu sehen ist. Besichtigen kann man den mit 40,3 m höchsten Leuchtturm Sylts leider nicht, ebenso wenig die schlichten grasbewachsenen Erdhügel der nahen *Hünengräber*.

Doch zurück zum Zentrum: Rings um den Dorfkrug Rotes Kliff etwa kann man nett durch die properen Straßen schlendern und die liebevoll hergerichteten Gebäude in ihren gepflegten Gärten bewundern. Viele bekannte Leute waren hier schon zu Hause, Anita Rée (1885–1933) etwa, die Malerin und Mitbegründerin der Hamburger Sezession, der umstrittene Schriftsteller Ernst von Salomon (1902–1972) oder der Maler Siegward Sprotte (* 1913). Selbst die Journalistin und spätere RAF-Terroristin Ulrike Meinhof (1934–1976) verbrachte oft den Urlaub hier, in einem kleinen Häuschen beim Wuldeweg.

Nicht weit von hier hatte sich 1903 der Verleger *Ferdinand Avenarius* (1856–1923) sein **Haus Uhlenkamp** bauen lassen. Das originelle Gebäude im ›friesisch-schweizerischen Stil‹ beflügelte dank seiner uneinsehbaren Dachterrasse die Fantasie der braven Kampener. Dort oben soll der überzeugte Naturist Avenarius regelmäßig vollkommen unbekleidet Luft- und Sonnenbäder genommen haben. Schnell entwickelte sich Haus Uhlenkamp zu einem Künstler- und Intellektuellentreff. Hier gingen Kreative wie Emil Nolde, Thomas Mann oder Max Frisch ein und aus. Das derart geschichtsträchtige Haus wurde bedauerlicherweise 1968 abgerissen, heute steht hier eine Apartmentanlage.

Gleichfalls einen Verlust stellt das 1981 abgerissene Lokal **Ziegenstall** dar. Es war nach dem Zweiten Weltkrieg von der berühmt-berüchtigten Valeska Gert (1892–1978) am Wuldeweg eröffnet worden und avancierte zu einer der beliebtesten Künstlerbars jener Zeit. Die exzentrische Wirtin, sie war Ausdruckstänzerin, Schauspielerin und Kabarettistin, erklärte stets, ihre Gäste seien wie Ziegen: »Sie werden gemolken und meckern«.

Ist in Bezug auf solche heute legendären Orte Fantasie vonnöten, so tut man sich wesentlich leichter, die noch immer viel besuchte **Kupferkanne** 3 in der Heide am östlichen Ortsrand zu finden. Auch sie verdankt ihre Entstehung einer Reihe von ungewöhnlichen Umständen: Unter den 2000 Flüchtlingen, die nach der deutschen Kapitulation 1945 in Kampen untergebracht wurden, befand sich auch der Kapitän und Bildhauer *Günter Rieck* (1910–1983). Er wurde in einem der Wehrmachtsbunker an der Wattenmeerküste einquartiert. Die verzweigte Anlage unter dem Hünengrab *Stapelhoog* bot auch Platz für ein Atelier, in dem sich bald Freunde und Künstlerkollegen zu feucht-fröhlichen Vernissagen trafen. 1950 eröffnete Rieck hier das Lokal Kupferkanne mit Partykeller und Gartenrestauration. Zu den illustren Gästen der ›Kuka‹ zählten der Industriebaron Alfried Krupp von Bohlen und Halbach, der damalige Bundeskanzler Helmut Schmidt und der Schauspieler Maximilian Schell. Heute geht es ruhiger zu. Die Kupferkanne hat abends geschlossen, doch auch tagsüber lohnt sich ein Besuch, allein schon wegen des 2,8 ha großen lauschigen *Parks*. Manche der von Büschen gerahmten Gartenseparees, hier wird z. B. Kaffee und Kuchen serviert, bieten einen zauberhaften Blick über Heide und Wiesen auf Watt und Festland.

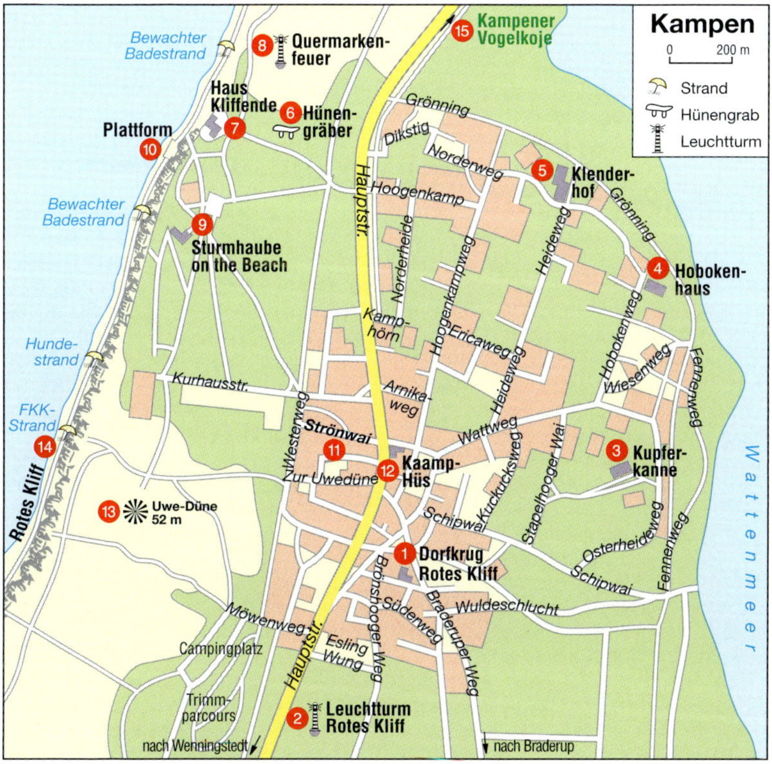

Separee im Grünen: Die Kupferkanne ist beliebtes Ziel für entspannte Plauderstündchen

Nördlich der Kupferkanne erstreckt sich ein gepflegtes *Wohnviertel*. Die exklusiven Friesenhäuser und geschmackvollen Villen liegen meist in großen Gärten und halten weit mehr als die vorgeschriebenen 24 m Abstand voneinander. Ein typisches Kapitel aus der Geschichte dieser Gegend bietet das **Hobokenhaus** 4, heute Hobokenweg 18. Ursprünglich hatte es der niederländische Musikwissenschaftler Anthony van Hoboken (1887–1983) im Jahr 1933 für seine Frau Annemarie Seidel bauen lassen. Nach der Scheidung von ihrem Gatten brachte ›Mirl‹ das Haus 1935 in ihre neue Ehe mit *Peter Suhrkamp* (1891–1959) ein. Der große Verleger selbst wohnte nur selten hier, stellte es aber seinen Autoren als Refugium für kreatives Arbeiten zur Verfügung. Das großzügige Angebot nutzten z. B. Max Frisch, Ernst Penzoldt und Carl Zuckmayer. Nach dem Zweiten Weltkrieg verkaufte Suhrkamp das Anwesen an seinen Berliner Kollegen *Axel Springer* (1912–1985), heute befindet es sich ebenfalls in Privatbesitz.

Axel Springer nannte lange Zeit auch den **Klenderhof** 5 an der Wattenmeerküste im Norden sein eigen. Das reetgedeckte Gebäude mit dem markanten Rundturm in der Mitte wird auch ›Springer-Burg‹ genannt. Der Cellist Max Baldner hatte es 1933 errichten lassen. Das nach einem Brand 1973 originalgetreu wieder aufgebaute Anwesen wird heute von einem Schweizer Konsortium als exklusives Privathotel betrieben.

Jenseits der Hauptstraße, an der Westküste, liegen die 3000 Jahre alten **Hünengräber** 6 von Kampen im nördlichen Teil des *Naturschutzgebiets Dünenlandschaft auf dem Roten Kliff*. Die sechs grasbewachsenen Grabhügel liegen beidseits der schmalen Zufahrt zum **Haus Kliffende** 7, dessen Reetdächer sich über dem Roten Kliff erheben. Der Architekt Walther Baedeker hatte es 1923 im Auftrag von Heinrich Tiedemann entworfen. 1925 schenkte es der Verleger seiner Gattin, der Schauspielerin *Clara Tiedemann* (1891–1979), die Kliffende nach dem Tod ihres Mannes bis 1955 als Gästehaus führte. Hier beherbergte sie Berühmtheiten aller Couleur, Thomas Mann, Emil Nolde, Ernst Rowohlt, aber auch Hermann Göring.

Zwei Wege führen von hier aus hinunter zum breiten Weststrand. Sehr schön ist der unbefestigte Fußweg nordwärts durch die Dünen, vorbei am **Quermarkenfeuer** 8, dem stillgelegten Leuchtturm von 1912, der dank seiner ungewöhnlichen achteckigen Form heute als Wahrzeichen von Kampen gilt. Eine schmale schrankengeschützte Fahrstraße führt zum Hotel- und Restaurantensemble **Sturmhaube on the Beach** 9, das nahe dem zentralen Strandzugang auf dem Roten Kliff steht. Das große reetgedeckte Anwesen mit dem zweistöckigen Rundbau hatte viele Vorgänger. Die ursprüngliche Sturmhaube entstand 1900 als Verkaufskiosk an der Holztreppe zum Strand. Doch wegen der malerischen Lage an der Abbruchkante musste der Bau innerhalb der nächsten 30 Jahre immer weiter nach Osten ziehen, wobei er jedesmal ein bisschen größer und komfortabler wieder aufgebaut wurde. Die heutige Sturmhaube wurde 1968 an sichererem Standort eröffnet. *Ihr Restaurant* [s. S. 53] knüpft an die alte Tradition als vorzügliches Speiselokal an. Zum modernen Konzept gehören zudem Café mit Dünenterrasse, Bistro, Bar und Business Center.

Nur wenige Meter östlich der Sturmhaube zweigt vom großen Parkplatz der teils bohlengedeckte Hauptzugang zum **Weststrand** ab. Unten steht eine hölzerne **Plattform** 10, eine Art große Terrasse mit Sitzgelegenheiten und schönem Blick auf Meer und Rotes Kliff. Außerdem kann man von hier oben in aller Ruhe das sommerliche Getümmel am Ufer bestaunen. Wendet man sich nach rechts, sieht man mit etwas Glück in der Ferne die **Strandbar bei Buhne 16**. Sie lebt noch heute von ihrem Ruf als ›sündiges Fleckchen‹, den ihr in den 1960/70er-Jahren das amüsierfreudige Partyvolk um Gunther Sachs einbrachte. Heute bietet das Café seinen lässig gestimmten Kunden tagsüber kleine Gerichte und kühle Drinks, abends und vor allem in Vollmondnächten finden in der Bar und am Strand ausgelassene Feiern zu angesagter Musik statt.

Einen Schluck oder auch zwei kann man auch in der Nähe einnehmen, auf Kampens berühmter **Whisky-Meile**. Eigentlich handelt es sich dabei um den **Strönwai** 11, eine breite Straße zwischen Dünen-Fuß- und Radweg und Hauptstraße. Sie wird von Cafés, Bars, Luxusgeschäften, exklusiven Gästehäusern und Restaurants mit klingenden Namen gesäumt. In der 1951 von Inge Gogart gegründeten *Bar Gogärtchen* etwa gehen seit langem die Reichen und Schönen ein und aus, und auch im *Pony* sah man schon so manchen prominenten Wahlkampener am Tresen stehen oder auf der Tanzfläche seine Runden drehen. Gen Westen läuft der Strönwai direkt auf das **Kaamp-Hüs** 12 zu, das reetgedeckte Haus der Kampener Kurverwaltung. Es dient auch als Kultur- und Veranstaltungszentrum der Gemeinde, hier finden z.B. Lesungen des Kampener Literatursommers statt.

Über eine Querstraße des Strönwais und dann einen viel begangenen Fußweg geht es durch den südlichen Ausläufer des Naturschutzgebiets Dünen-

Der von Gras bewachsene Sandberg der Uwe-Düne beeindruckt mit einer großartigen Aussicht

TOP TIPP landschaft auf dem Roten Kliff zur **Uwe-Düne** 13, die etwa auf halbem Weg zwischen Radweg und Strand auf dem erhöhten Geestkern liegt. Mit ihren 52,5 m ist sie die höchste Erhebung auf Sylt. Der gewaltige Sandberg bei Kampen forderte schon im 19. Jh. Gipfelstürmer heraus. 1830 machte sich der frisch gebackene Landvogt Uwe Jens Lornsen [s. S. 50] mit zwei Freunden daran, die unwegsame Düne zu erklimmen, die fortan den Namen des ›Erstbesteigers‹ trug. Heute führt eine Holztreppe bequem nach oben. Über deren 102 Stufen streben jährlich etwa 100 000 Besucher der *Aussichtsplattform* auf der Kuppe zu. Sieben Tafeln informieren hier über die unterschiedlichen Landschaftsformen sowie über Flora und Fauna auf Sylt. Der Blick schweift über das ausgedehnte Gebiet voll niedrigerer, sanft gewellter Dünen nach Süden bis nach Wenningstedt und Westerland, im Osten steht der Leuchtturm von Kampen inmitten grüner Weiden, nach Norden hin setzt sich das grünwogende Grasmeer der Dünen bis an den Horizont fort.

Am besten besucht man die Uwe-Düne am späten Nachmittag, danach kann man auf dem Pfad durch die Dünen TOP TIPP zum **Roten Kliff** 14 gehen. Diese 4,5 km lange, bis zu 30 m hohe, in vielen Abschnitten spektakuläre Abbruchkante verläuft zwischen Wenningstedt [Nr. 2] und Kampen. Der Name bezieht sich auf das Gestein des Kliffs, es besteht aus eisenhaltigem Geschiebelehm, der sich an der Luft rötlich verfärbt. Allerdings kommt die Farbe nur dann wirklich eindrucksvoll zum Tragen, wenn bei einem farbintensiven *Sonnenuntergang* die Strahlen das Kliff beleuchten und es magisch, wie in Blut getaucht aufleuchten lassen. Zusammen mit dem Silbergrün der Dünenvegetation, dem hellen Sand und dem schwärzlich schimmernden Meer mit seinen weiß aufblitzenden Schaumkronen ergibt sich dann ein Landschaftsbild von wahrhaft weltentrückter Schönheit.

Einen atemberaubenden Anblick bietet das gewaltige Rote Kliff in der Abendsonne

Die einstige Entenfanganlage Kampener Vogelkoje ist heute ein artenreiches Vogelparadies

An der Ostküste, 2 km nördlich der Ortsgrenze, liegt das Wäldchen der TOP TIPP **Kampener Vogelkoje** 15 (Karfreitag bis Pfingsten tgl. 13–16, Pfingsten–Okt. tgl. 10–16 Uhr, Führungen auf Anfrage, Tel. 046 51/87 10 77 oder Söl'ring Foriining, Tel. 046 51/328 05). Die Entenfanganlage wurde 1767–69 als erste Sylter Vogelkoje um einen Teich angelegt, an dem sich erfahrungsgemäß im Herbst zahlreiche Enten auf ihrem Zug nach Süden niederließen. Zahme Enten lockten ihre weitgereisten Verwandten in einen von vier Kanälen, *Pfeifen* genannt, die um den zentralen Teich angeordnet waren. Am Ende jeder Pfeife wartete ein Drahtkäfig, aus dem die gefangenen Enten herausgenommen und mit einer gekonnten Schleuderbewegung ›gegringelt‹, d. h. am Hals gepackt und herumgewirbelt wurden. Ein erfahrener ›Gringelmann‹ konnte etwa 70 Enten am Tag erlegen, wie Zahlen von 1841 verbürgen, im gesamten letzten Fangjahr 1921 waren es dann nur noch 99 Tiere. Die geräucherten Sylter Wildenten waren gefragte Produkte, sogar bis nach Russland wurden sie verkauft. Doch nachdem die Ära der Vogelkojen in ganz Nordfriesland vorbei war, verfielen die Anlagen. Die

Beharrlicher Verfechter einer Union Schleswig-Holsteins: Uwe Jens Lornsen

Revolutionär am Schreibtisch

Eigentlich war es ein schockierendes Dienstvergehen, das **Uwe Jens Lornsen** (1793 – 1838) zum Märtyrer und Leitbild der friesischen Unabhängigkeitsbestrebungen des 19. Jh. machte. Dabei hatte für den Keitumer Kapitänssohn nach dem Jurastudium in Kiel zunächst alles nach einer glänzenden Beamtenkarriere im dänischen Königreich ausgesehen. Ab 1826 tat er Dienst als Kanzleirat und Kontorchef der Schleswig-Holstein-Lauenburgischen Kanzlei in **Kopenhagen**. Dann aber bewarb Lornsen sich als **Landvogt** auf Sylt und trat diese Stelle im Sommer 1830 an. Schon wenige Tage später wurde er aufgrund ›umstürzlerischer Umtriebe‹ seines Amtes wieder enthoben. Grund der Anschuldigungen war, dass Lornsen in der Streitschrift ›Über das Verfassungswerk in Schleswigholstein‹ für die Trennung Schleswigs von Dänemark, den Verbund mit Holstein und die engere Anbindung beider an Deutschland plädiert hatte. Die Schreibweise ›Schleswigholstein‹ sollte die Zusammengehörigkeit der beiden unterstreichen. Sein aufrührerisches Pamphlet brachte ihm ein Jahr Festungshaft ein – und einen Ehrenplatz in der Reihe **friesischer Nationalhelden**!

Nach seiner Haftentlassung verbrachte Lornsen einige Jahre im selbstgewählten Exil in **Rio de Janeiro**, physisch und psychisch befand er sich in einem desolaten Zustand. Doch er war nicht untätig. In seinem neuen Buch ›Die Unions-Verfassung Dänemarks und Schleswigholsteins‹ nahm er sogar die Grundzüge des modernen Verfassungsstaates vorweg. Diese anerkennenswerte Leistung ist ein Grund dafür, dass ihn seine Landsleute schon relativ früh idealisierten. Hinzu kam, dass der kluge Denker ein tragisches Ende fand: Kaum war er nach Europa zurückgekehrt, nahm sich der aufgrund des Freitods seiner Schwester Erkel vollends in die Depression abgeglittene Lornsen 1838 im Genfer See das Leben.

So konnte er leider nicht mehr Zeuge sein, wie Sylt 1864 aus dänischer Herrschaft entlassen wurde und wie wenige Jahrzehnte später unter Einbeziehung seiner Ideen das Land Schleswig-Holstein entstand, als dessen **geistigen Vater** man Uwe Jens Lornsen durchaus bezeichnen kann.

10 ha umfassende Grünanlage von Kampen wurde bereits 1935 unter Naturschutz gestellt. 1986–88 wurde die Vogelkoje samt einer der Pfeifen restauriert. Im Gringelmann- und im Räucherhaus sind heute kleine *Ausstellungen* zur Geschichte der Vogelkojen sowie zur Ornithologie Sylts eingerichtet. Draußen stehen einige alte Gerätschaften, darunter ein *Schlickrutscher*, eine Art Schlitten, mit dem man noch bis ins 19. Jh. hinein bei Ebbe übers Watt zu rutschen pflegte.

Hinter den Häuschen führt ein Weg rechts zum *Deich*, von dessen Krone aus man bis aufs Festland blickt. Über den zweiten, linken Weg gelangt man zum eigentlichen *Ententeich*. Eine Schautafel zeigt die hier vorkommenden *Vogelarten* und listet ihre charakteristischen Rufmelodien auf. So lässt z. B. die Ringelgans ein lautes ›rottrottrott‹ erschallen, die Blessralle bringt ein klangvolles ›kürrk‹ hervor, während der Kleine Sandregenpfeifer gern ein melodisches ›diüdiü‹ trillert oder ein ›drüdrü‹ hören lässt.

Erlebniswelt für Vogelfreunde: Die auf Sylt beheimateten Ringelgänse lassen sich in der Kampener Vogelkoje gut beobachten

Praktische Hinweise

Information

Tourismus-Service Kampen, Kaamp-Hüs, Hauptstr. 12, Tel. 046 51/469 80, Fax 046 51/46 98 40, www.kampen.de

Führungen

Auf den Spuren vergessener Künstler, Fr 11 Uhr führt Silke von Bremen zu diesem Thema kenntnisreich durchs Dorf. Karten gibt es im Kaamp-Hüs (s. o.). Treffpunkt an der Bushaltestelle Kaamp-Hüs.

Einkaufen

Galerie Herold ›Haus Meeresruh‹, Braderuper Weg 4, Kampen, Tel. 046 51/451 35, www.galerie-herold.de. Schwerpunkt ist hier norddeutsche Kunst, aber auch Werke internationaler Größen werden gezeigt.

Galerie Rudolf, Hauptstr. 8, Kampen, Tel. 046 51/835 77 73. Wie in Keitum bietet die Galerie Rudolf auch in Kampen Malerei und Grafik der klassischen Moderne. Kunst von Max Ackermann bis Heinrich Zille (Mai–Okt. Mo–Sa 11–19 Uhr).

Rolex, Strönwai 16, Kampen, Tel. 045 61/995 94 59. Unzählige Modelle der bekannten Nobeluhren mit der Krone stehen zur Auswahl.

Nachtleben

Club Rotes Kliff, Braderuper Weg 3, Kampen, Tel. 046 51/43400, www.club-rotes-kliff.de. Angesagte Cocktailbar und Disco im Zentrum. Bei einem kühlen Caipirol oder einem spritzigen RCC (Red Cliff Cup) stimmt man sich in plüschroter Umgebung ein auf Dance Classics und House Music.

Pony, Strönwai 6, Kampen, Tel. 046 51/428 12, www.pony-kampen.de. Edel-Disco an der Whisky-Meile. Der Abend beginnt an der Bar, später blinken auf der Tanzfläche wattstarke Scheinwerfer mit goldenen Markenuhren und Designer-Glitzer-Outfits um die Wette.

Camping

Camping Kampen, Möwenweg 4, Kampen, Tel. 046 51/420 86. Rund 200 m weit zieht sich der schmale Platz zwischen den Dünen und dem buschgrün abgeschirmten Trimm Parcours am südlichen Ortsrand hin. Buschreihen und Stein- bzw. Erdwälle schaffen übersichtliche Sektionen. Zwei Fußpfade führen zum Strand am Roten Kliff, doch der Weg durch die Dünen zieht sich hin.

Hotels

Ahnenhof, Kurhausstr. 8, Kampen, Tel. 046 51/426 45, Fax 046 51/440 16, www.ahnenhof.de. Hotel garni in traditionellem rotem Backsteinhaus. Die 14 individuell eingerichteten Zimmer haben Charme. Ein weiteres Plus ist der große Garten rings um das Haus.

Reethüüs, Hauptstr. 18, Kampen, Tel. 046 51/985 50, Fax 046 51/452 78, www.reethues-sylt.de. Stilvolle Unterkunft in zwei reetgedeckten Häusern. Die 18 Zimmer und zwei Suiten sind behaglich in farbenfrohem dänischem Stil eingerichtet.

Rungholt, Kurhausstr. 35, Kampen, Tel. 046 51/44 80, Fax 046 51/44 84 48, www.hotel-rungholt.de. Das aus vier Gebäuden bestehende Hotel bietet Luxus in allen 110 Zimmern. Die strandnahe Lage zwischen Naturschutzgebiet und Rotem Kliff lädt zu Spaziergängen ein, im Haus locken der Pool und verschiedene Saunen.

Restaurants

Dorfkrug Rotes Kliff, Alte Dorfstr. 1, Kampen, Tel. 046 51/435 00, www.dorfkrug-kampen.de. Friesische Gemütlichkeit prägt das älteste Gasthaus des Ortes. Die ausgezeichnete Küche bietet Regionales und Klassiker, Rückwärtig lädt ein schattiger Biergarten unter Ahornbäumen zum Verweilen und Genießen ein (Mo geschl.).

Gogärtchen, Strönwai 12, Kampen, Tel. 046 51/412 42, www.gogaertchen-sylt.de. Bekannter Prominententreff an der Whisky-Meile. Patron Rolf Seiche ist seit vielen Jahren die Seele des Betriebs, aber auch die exquisit-leichten Speisen von den asiatischen Scampi-Variationen bis zu legiertem Wachtelsüppchen ziehen die Gäste an.

TOP TIPP **Kupferkanne**, Stapelhooger Wai 7, Kampen, Tel. 046 51/410 10, www.kupferkanne-sylt.de. Das legendäre Lokal mit Tischen im Garten und schönem Blick aufs Wattenmeer bietet vorzügliche Kuchen und Kaffee sowie einfache Speisen (tgl. 10–18 Uhr).

Manne Pahl, Zur Uwe Düne 2, Kampen, Tel. 046 51/425 10, www.manne-pahl.de. Das Szenelokal ist immer gut besucht, ob zum üppigen Frühstück in der Guten Stube mit Bauernmalerei an den Wänden, ob zum gepflegten Speisen im hellen Wintergarten, in dem moderne Gemälde künstlerische Akzente setzen, oder zum Auftakt einer fröhlichen Nacht. Auf der Speisekarte findet man auch ›Unfriesisches‹ wie Wiener Schnitzel mit Gurkensalat oder Gries-Kirsch-Kuchen (tgl. 10–1 Uhr).

Sturmhaube on the Beach, Riperstig 1, Kampen, Tel. 046 51/99 59 40, www.sturmhaube.de. Unweit der Whisky-Meile liegt das reetgedeckte Haus über dem Roten Kliff. Vor allem der markante Rundbau zieht mit seinen

Gut beschirmt: Der Dorfkrug Rotes Kliff lockt mit einem beschaulichen Biergarten

durchgehenden Fensterfronten in Erdgeschoss und im 1. Stock die Blicke auf sich. Die herrliche Aussicht über Strand und Abbruchkante genießt man z. B. während man auf der Sonnenterrasse Kaffee und Kuchen zuspricht, im Restaurant einen Krustentier-Spieß in Hummer-Limonensauce kredenzt bekommt oder sich in Willy's Bar ein kühles Bier schmecken lässt.

Vogelkoje, Lister Straße 100, Kampen, Tel. 046 51/952 50. Versteckt im Grünen neben der Kampener Vogelkoje gelegenes Gartenrestaurant. Verfeinerte Regionalküche, legendäre Spezialität ist die gebratene Ente. Gut ist auch das opulente Frühstücksangebot, das bis spätnachmittags zur Verfügung steht.

Einst Kiosk und Wartehalle der Inselbahn: das Restaurant Sturmhaube on the Beach

5 Listland

Unwirkliches Zauberland aus Sand.

Das rund 1600 ha große Listland ist vom steten Auf und Ab unberührter, überwiegend halmbewachsener Dünen geprägt. Bereits Mitte des 16. Jh. hatte der dänische König den größten Teil des heutigen Listlands einem seiner Untertanen in Erbpacht geschenkt, sodass das Gebiet bis 1866 unter *dänischer Herrschaft* stand. Der König machte damals jedoch die Auflage, dass die Nachkommen des ersten Pächters nur gemeinschaftlich über ihr Land bestimmen konnten. Noch heute gehört Listland einer rund 30-köpfigen Erbengemeinschaft und inzwischen steht ein Großteil der Dünenlandschaft unter Naturschutz. Einnahmen stammen aus der Schafzucht und dem Verpachten von Weideland. Andere Nutzungen gehen auf das *Militär* zurück, denn im Ersten und Zweiten Weltkrieg wurden erhebliche Gebiete für die Armee zwangsenteignet. Als späten Ausgleich dafür gab der Staat der Erbengemeinschaft 1958 einen Teil des Naturschutzgebietes an der Ostküste als Bauland frei. In Folge entstand im *Süderheidetal* die Feriensiedlung Sonnenland mit ausschließlich privat genutzten Ferienhäuschen.

Vom heutigen Listland ist lediglich eine kleine Ecke im Südwesten, das **Klappholttal**, öffentlich zugänglich. Hier wurden 1869 nahe dem Weststrand zur Befestigung der Dünen kleinwüchsige Kiefern angepflanzt, die der Wind derart niederdrückte, dass die Bevölkerung sie bald *Klappholz* nannte. In ihrem Schutz entstanden im Ersten Weltkrieg einige Soldatenunterkünfte, die der Hamburger Arzt Knud Ahlborn und sein bildungspolitisch ebenfalls aufgeschlossener Jugendfreund Ferdinand Goebel 1919 in ein *Freideutsches Jugendlager* umgestalteten. Nach dem Zweiten Weltkrieg machte Ahlborn dann daraus eine *Heimvolkshochschule*, die noch heute unter dem Namen **Akademie am Meer** (Tel. 046 51/95 50, www.akademie-am-meer.de) ein vielfältiges Bildungsangebot von Malen über Körpererfahrung bis zu Kochkursen bereithält. Kursteilnehmer können auf dem Gelände wohnen, auf dem sich auch ein Schullandheim, ein Mutter-Kind-Haus sowie das 1977 gegründete kultur- und heimatpflegerische Ferdinand-Avenarius-Institut befinden.

Beim Klappholttal ist Sylt nur etwa 1 km breit, auf der Höhe von List schließlich erreicht es eine Breite von über 4 km. Vor allem in diesem Teil Listlands mit seinem kopfartigen Umriss hat der Westwind im Laufe der vergangenen Jahrhunderte immer mehr Sand angeweht. Ein Bild von den sandigen Weiten kann man sich im 1923 eingerichteten **Naturschutzgebiet Nord-Sylt** machen, das den bezeichnenden Spitznamen *Sylter Sahara* trägt. Inmitten des 1284 ha großen Areals stehen die letzten **Wanderdünen** Deutschlands unter strengem Naturschutz. Der Wind treibt den Sand mit einer Geschwindigkeit von durchschnittlich 4 m pro Jahr nach Osten, wo er ihn zu eindrucksvollen Sandbergen aufhäuft, dem 37 m hohen Süterknoll etwa oder dem 34 m aufragenden *Jensmettenberg.* Allerdings ist man gezwungen, diese Wanderdünen mithilfe von Bepflanzung in Schach zu halten, um den Ort List vor Sandverwehungen zu schützen. Das übrige Dünengebiet ist jedoch naturbelassen. Die magere Vegetation aus Strandhafer und anderen anspruchslosen Gräsern hat hauptsächlich in den Tälern zwischen den Sandbergen Fuß gefasst, z. B. im Blidsel-, Mannemorsum- und Süderstrandtal.

Zwar ist Besuchern das Betreten der Wanderdünen streng verboten, doch rings um das Naturschutzgebiet führt ab dem *Abzweiger Blidsel* in weitem Kreis zunächst nach Nordwesten die **K 121**, die **Alte Listlandstraße**. Entlang der Route ergeben sich immer wieder gute Ausblicke auf das urtümlich wirkende Sandmeer. Leider ist die Straße recht schmal und es sind keine Haltebuchten ausgespart, lediglich Bushaltestellen. Beim Anhalten auf offener Strecke ist also Vorsicht geboten. Gefahrlos, aber gegen Gebühr kann man an verschiedenen Abzweigungen parken, von dort führen dann Pfade durch die Dünen zum **Weststrand**. Hier gibt es auch einen FKK-Bereich mit *Strandsauna* (von der aus man zum Abkühlen in die Nordsee springt).

Nahe dem nördlichen Scheitelpunkt der Straße liegt der größte Parkplatz der Strecke, belebt von einigen Bars. Vom nahen Dünenkamm grüßt die *Weststrandhalle* (s. u.), das ›nördlichste Restaurant Deutschlands‹ – im Stil einer österreichischen Almhütte.

Nur wenige Hundert Meter weiter markiert ein Mauthäuschen nördlich der Straße den Beginn der Privatzufahrt zum **Ellenbogen** [Nr. 6], einer von Dünen und Weiden geprägten Nehrung ganz im Norden Sylts, die sich ebenfalls in Familienbesitz befindet.

Oben: *Eindrucksvolles Feuchtbiotop – das ausgedehnte Marschland des Lister Koog*

Links: *Sylter Sahara – die gigantischen Wanderdünen im Naturschutzgebiet Nord-Sylt*

Folgt man der K 121 weiter nach Osten in Richtung List [Nr. 7], sieht man bald rechterhand in den Dünen die barackenartigen Gebäude der *Jugendherberge Mövenberg*, mit 333 Plätzen die zweitgrößte Landjugendherberge Deutschlands. Wie so oft auf Sylt wurde auch diese Anlage einst als Militärlager gebaut und erst nach dem Zweiten Weltkrieg zivil genutzt. Im Jahr 1937 entstand auch der **Mövenbergdeich**, der gegenüber der Jugendherberge beginnt und sich in weitem Bogen 2,5 km lang bis in den Osten von List hinzieht. Er umschließt das 18 ha umfassende Marschland des **Lister Koog**, das sich nach dem Deichbau bald zum Brut- und Rastplatz für mehr als 100 Vogelarten entwickelte. 1984 wurde das Feuchtbiotop zum Seevogelschutzgebiet erklärt.

An seiner nördlichen Grenze schließt sich gleich die im Königshafen liegende **Vogelschutzinsel Uthörn** an. Sie darf nicht betreten werden, da sie wie die Wanderdünen zum Naturschutzgebiet

Nord-Sylt gehört. Auch die flache, von der Ellenbogen-Nehrung gebildete Bucht **Königshafen** selbst steht unter strengem Naturschutz, sie ist Schutzzone I des **Nationalparks Schleswig-Holsteinisches Wattenmeer**. Wenn bei Ebbe die Bucht in weiten Teilen trocken fällt, tummelt sich eine immense Zahl von Vögeln, vor allem Ringelgänse, auf den nun freiliegenden Schlickwatten, Seegraswiesen und den Salzwiesen ringsum – ein wahres Paradies für Ornithologen und Wattforscher. Ihnen sind übrigens die *Surfer* ein Dorn im Auge, die sich immer wieder unmittelbar außerhalb der Nationalparkgrenzen auf die Bretter schwingen und dadurch die Vögel aufschrecken.

Früher war der Königshafen übrigens noch nicht so flach wie heute, da ihn der Ellenbogen gegen die offene Nordsee hin abschirmt. So konnte im Jahr 1644 während des Dreißigjährigen Krieges auch der dänischen Monarch Christian IV. in diesen Gewässern seine Flotte ankern lassen, mit der er dann seine schwedischen und niederländischen Gegner in einer Seeschlacht besiegte. Nach diesem Ereignis erhielt der *Köningshaawen* seinen Namen.

Praktische Hinweise

Restaurant

Weststrandhalle, Ellenbogen 3, Tel. 046 51/87 02 66. Die österreichischen Wirtsleute verleihen diesem ›nördlichsten Restaurant Deutschlands‹ sein einzigartiges Flair: Die Bedienung erscheint im Dirndl, auf der Speisekarte stehen neben Dorsch, Scholle und friesischem Eiergrog auch für diese Breiten exotische Dinge wie Hexensteak, Palatschinken, Salzburger Nockerl und Almdudler (tgl. 11.30–22 Uhr).

Bar

BamBus, Bushaltestelle Weststrand 13 (am Parkplatz unterhalb des Restaurants Weststrandhalle), Tel. 046 51/87 13 60, www.bam-bus.de. Vor oder nach dem Surfen kann man sich in der kleinen ›Bar am Bus‹ bei Eintopf und Käsekuchen stärken. Bambus-Möbel, Poster und Gestaltung in den Rastafarben Rot, Grün und Gelb sorgen für passendes Ambiente. Die Vollmond-Strandparties in den Dünen ziehen Tanzlustige zu Hunderten an (Dez.–März geschl.).

6 Ellenbogen

Silbermeer in Familienbesitz.

Bei einem Blick auf die Sylt-Karte mag so Manchen der Nehrungshaken im äußersten Norden von Sylt, zugleich nördlichster Punkt Deutschlands, an einen angewinkelten Arm mit spitzem Ellenbogen erinnern, daher auch der Name. Seit Jahrhunderten baut die Natur an dieser Halbinsel, nur hier besteht der Untergrund aus grobem Kies, auf den Strömung und Wind beständig losen Sand tragen. So wuchs der Ellenbogen seit dem 16. Jh. immer weiter nach Osten, vor etwa 100 Jahren jedoch kam diese Entwicklung zum Stillstand.

Eine gut 4 km lange Teerstraße zweigt von der Alten Listlandstraße K 121 zunächst nach Norden ab und führt dann den ganzen Ellenbogen entlang. Die Straße gehört der Erbengemeinschaft Listland [s. S. 53] und ist *mautpflichtig*; die Einnahmen dienen der Instandhaltung des Wegenetzes in Listland. Nach dem teilweise dürftigen Zustand der Ellenbogenstraße zu urteilen, kann die Maut nicht allzu viel einbringen. Und das, obwohl ein Ausflug auf dieser Route empfehlenswert und auch sehr beliebt ist. Gleich am Beginn der Nehrung warnt ein

Stiller Zauber: Ellenbogenlandschaft mit Leuchtturm List-Ost im Winter

Schild vor dem Berühren eventuell in den Dünen gefundener *Metallteile* (Funde bei der Polizei melden, Tel. 046 51/704 70). Die friedliche Marschwiese rechts gehörte nämlich ebenso wie weite Teile des angrenzenden Königshafens zu einem Luft-Boden-Schießplatz, auf dem noch bis Ende des 20. Jh. Kampfpiloten der Bundeswehr mit scharfer Munition übten. Heute stört zum Glück kein Tiefflieger mehr die beschauliche Fahrt, in deren Verlauf man zumindest im Herbst und Winter deutlich mehr grasenden Schafen und schnatternden Ringelgänsen als anderen Touristen begegnet.

Im gleichförmigen, mal grünsilbernen und mal sandfarbenen Wellenprofil der Dünen hebt sich der 11 m hohe rot-weiß-rote **Leuchtturm List-West** (nicht öffentlich zugänglich) als willkommener optischer Akzent ab. Er nahm 1858 erstmals seinen Betrieb auf und war bis 1977 bemannt. Sein Licht weist den Weg um das ob seiner Strömungen gefürchtete **Ostindienfahrerhuk**, wie die Nordwestecke des Ellenbogens nach einem 1751 dort gestrandeten Schiff genannt wird. Beim nächsten Parkplatz führt ein Pfad durch die Dünen zum **Strand**, der hier etwa 100 m breit ist. Einen guten Kilometer weiter östlich hat sich der feine Sandstrand sogar auf rund 250 m Breite aus-

Die hakenförmige Landzunge Ellenbogen ist Deutschlands nördlichste Landschaft

Stete Begleiter und stimmungsvolle Geräuschkulisse: Möwen auf einer Buhne

Vergnügliche Ausflugsziele für die ganze Familie: Am Lister Hafen starten die Schiffe zu den Seehundbänken bei Amrum und die Fähren zur dänischen Nachbarinsel Rømø

gedehnt. Auf der jenseitigen, südlichen Seite der Straße sieht man die reetgedeckten dunkelroten Häuschen des Ferienhofes *Üthörn* (s. u.) aus den Dünen hervorlugen. Taucht dann links der rotweiße, ebenfalls eher niedrige **Leuchtturm List-Ost** auf, ist es nicht mehr weit bis zum Zielpunkt der Fahrt.

Am Ende der Ellenbogenroute weitet sich die Straße zu einem größeren unbefestigten Parkplatz, von dem aus man sich auf den kräftezehrenden Weg durch weichen knöcheltiefen Sand wahlweise zum nördlichen oder südlichen Strandabschnitt machen kann. TOP TIPP Danach ist eine Umrundung der **Ellenbogenspitze** geradezu ein Muss. Am Flutsaum hat die Nordsee Muscheln und Algen angeschwemmt, manchmal findet man auch ein Stück Bernstein in den Kiesbänken oder im angespülten Seetorf. Die Brise weht frisch vom Meer her, manchmal türmen sich Wolken malerisch über dem Wasser auf und jenseits der Wasserstraße des *Lister Tiefs* erkennt man selbst bei trübem Wetter die Küstenlinie der dänischen Nachbarinsel Rømø – bei klarer Sicht ist der Ausblick atemberaubend. Möwen begleiten die Spaziergänger auf ihrem Weg, manchmal tutet auch ein Ausflugsdampfer sein Hallo herüber. Schon vom Strand aus kann man vor der Ellenbogenküste deutlich die Wirbel und Strudel erkennen, die das Zusammentreffen von Nordsee und Wattenmeer hier verursachen. Hier zu schwimmen oder zu surfen wäre lebensgefährlich. Daher lautet die Devise, die wilde Schönheit des unruhigen Wassers ausschließlich von Land aus zu bewundern.

i Praktische Hinweise

Unterkunft

Üthörn, Ellenbogen, Tel. 046 51/87 02 18, Fax 046 51/87 74 09, www.uethoern.de. Die elf zweckmäßig eingerichteten Ferienwohnungen in den drei reetgedeckten Häusern, sehr ruhig am naturgeschützten Königshafen

gelegen, sind die einzige Urlaubsunterkunft auf dem Ellenbogen. Man versorgt sich selbst, doch von 20–24 Uhr hat die hauseigene Bierstube geöffnet und morgens bringt ein Brötchendienst frische Backwaren für alle Bewohner.

7 List

Plan Seite 60

Akkurate Reihenhäuser und ein bunter Hafen prägen das Gesicht des nördlichsten Ortes Deutschlands.

List war lange Zeit eine Armeesiedlung und dieses Erscheinungsbild haben die geraden Straßenzüge mit den in Reih und Glied ausgerichteten gleichartigen Backsteinhäuschen bis heute weitgehend bewahrt. Allerdings wird diese Strenge dadurch gemildert, dass auffällig viele junge Familien hier ansässig sind und es den äußerst lebhaften Hafen gibt. Außerdem verfügt das 1946 zum *Nordseebad* erhobene Städtchen über eine charmante Küste zum Wattenmeer hin sowie über ein attraktives, unter Naturschutz stehendes und vogelreiches Hinterland.

Geschichte Der Hafen ist die eigentliche Keimzelle der heutigen amtsfreien Gemeinde List. Eine erste Siedlung dieses Namens wurde bereits 1292 urkundlich erwähnt, nach 1362, dem Jahr der *Großen Mandränke*, tauchte sie jedoch nicht mehr in den Quellen auf. Eine etwas landeinwärts gelegene Nachfolgesiedlung war bis ins frühe 15. Jh. belegt. Deren küstennahe Bereiche versanken jedoch mitsamt der damaligen Kirche St. Jürgen vermutlich bei der Allerheiligenflut 1436 im Meer. Danach wurde die Siedlung aufgegeben, noch bestehende Gebäude verschwanden bald unter dem Sand. Reste dieses **Alt-List** hat man in den Jahren 1905–29 östlich der heutigen Stadt im Naturschutzgebiet unweit des *Mannemorsumertal* wieder entdeckt.

Die nächste, um 1550 entstandene Siedlung lag weiter südlich, beim heutigen Stadtteil *Mellhörn*, und breitete sich im Laufe der Jahre nordwärts entlang der Küste aus. Bezeichnend für die Bedeutung des Ortes ist, dass das schiffbare

Der Lister Hafen ist Lebensmittelpunkt des Nordseebades

Seegat, die Wasserstraße zwischen Sylt und der Nachbarinsel Rømø, damals schon **Lister Tief** hieß. Am syltseitigen Rand dieser Wasserrinne befand sich ein Schutzhafen der dänischen Kriegsflotte, was dem Ort List zu zusätzlichem Aufschwung verhalf. Ansonsten lebten die wenigen Lister überwiegend von Schafzucht, dem Verkauf von Möweneiern und der *Austernzucht* im Wattenmeer. Das änderte sich auch nicht, als 1908 eine neue Strecke der *Sylter Dampfspurbahn* von Westerland nach List eröffnet wurde. Immerhin zog die *Staatliche Preußische Austernanlage* 1910 von Husum nach List um. Austern blieben ein erfolgreiches Geschäft für den Ort, zu erfolgreich, denn nach jahrelanger Ausbeutung der Bänke, starker Dezimierung durch Seesterne und Pantoffelschnecken sowie nach einigen strengen Wintern war die Sylter Auster um 1925 ausgestorben.

Für einen gewissen wirtschaftlichen Ausgleich sorgte der *Seefliegerhorst*, der während des Ersten Weltkriegs bei List entstand. Der Flughafen wurde auch nach Kriegsende von der Deutschen Verkehrsfliegerschule genutzt. Deren Leiter *Wolfgang von Gronau* (1893–1977) machte durch spektakuläre Flüge auf sich und seinen Heimathafen aufmerksam. 1930 etwa flog er mit dem für Passagiere konstruierten Flugboot vom Typ *Wal* von List als erster über Grönland nach New York, anschließend wurde er sogar im Washingtoner Weißen Haus empfangen. 1932 flog er in vier Monaten um die Welt, wobei er 60 000 km zurücklegte.

Ab 1933 hatten in List wieder die *Militärs* das Sagen und 1938 wurde die erste Straße in den Inselnorden gebaut. Der Ort erlebte in dieser Zeit einen großen Wachstumsschub, die Einwohnerzahl stieg damals von 449 auf knapp 3000. Auch nach dem Zweiten Weltkrieg blieb das Militär eine feste Größe in List. Zwischenzeitlich beherbergten die Baracken allerdings 2000 Flüchtlinge, viele von ihnen kamen von der geräumten Insel Helgoland. 1951 wurde der große Flugzeughangar demontiert und in Kiel als Ostseehalle wieder aufgebaut. Doch nach Gründung der Bundeswehr 1955 zogen die *Marineversorgungsschule* und der *Marinechor* in die Armeegebäude ein – und bildeten fortan einen wichtigen

Mit der ›Gret Palucca‹ gehen kleine Seeräuber auf große Piratenkreuzfahrt

wirtschaftlichen sowie gesellschaftlichen Faktor für die Stadt. In dieser Hinsicht muss man jedoch in den nächsten Jahren umdenken, denn die Marineversorgungsschule schloss 2007 ihre Pforten.

Besichtigung Zentrum des 2800 Einwohner (plus 500 Zweitwohnungsbesitzer) zählenden List ist der **Hafen** ❶. Hier sind Wasserschutzpolizei und Zoll vertreten, an den Kais liegen zahllose Fischkutter und einige Jachten, seit 1963 besteht zudem eine regelmäßige Autofährverbindung zu der dänischen Nachbarinsel Rømø. Ausserdem legen in List Kreuzfahrtschiffe wie z.B. die MS Europa oder Großsegler an. *Ausflugsdampfer* laden zu einem Abstecher zu den Seehundbänken zwischen Sylt und Amrum ein oder zeigen den Gästen die Schönheit des Wattenmeers einmal von Schiffsplanken aus. Eine besondere Attraktion für Kinder ist eine Fahrt mit der **›Gret Palucca‹** (Ostern–30. Okt. tgl. 8.30–17 Uhr, Buchungen Boysenstr. 13, Tel. 046 51/987 00 oder an einem der Pavillons im Hafen), einem eigens zu diesem Zweck zum ›Piratensegler‹ umgebauten Fischkutter. In Begleitung der ›Verwachsenen‹, die niedere Dienste an Deck verrichten müssen, erleben die wie zünftige Freibeuter verkleideten Kurzen mit Kapitän Ronaldo und Schiffsfaktotum Peter eine abwechslungsreiche Fahrt in den Lister Küstengewässern, komplett mit Schiff entern, Schatz suchen und abschließendem Erwerb des ›Piraten-Patents‹! Erwachsene können seit kurzem auf der ›Gret Palucca‹ sogar heiraten, garantiert ohne Piraten, aber auf Wunsch mit Blumendekoration, Sektempfang und maritimen Häppchen (Infos s. o. oder beim Standesamt, Tel. 046 51/85 12 50).

In der alten *Tonnenhalle* am Hafen findet sich eine Vielzahl an Ständen mit Fischbrötchen, Geschäfte für Surfkleidung oder Regenjacken ebenso wie Schmuckläden, edle Boutiquen und Cafés. **Gosch** [s. S. 131], der im Hafen einst seinen ersten Imbissstand aufmachte, ist längst eine ›Berühmtheit‹. Der Fischimbiss wurde mittlerweile zum Restaurant erweitert und betreibt gleich gegenüber in der *Fischhalle* neben der alten *Bootshalle* einen Ableger, in dem unter jahrmarktähnlichem Anpreisen frischer Fisch und Meerestiere verkauft werden. Seinen Standort mitten auf dem Hafenplatz konnte allerdings einer behaupten. **Krabben-Paul** kennt man als Original: Paul Walter ist der einzige Sylter, der noch vom eigenen Kutter, dem ›Tümmler‹, aus Krabben kescht. Zwei- bis dreimal die Woche verkauft Paul seinen Fang im Lister Hafen

Natur mit Füßen tasten: Wattwanderung

Wat is wat im Wat?

Was hier kreucht und fleucht ist einzigartig: etwa 1 Mio. Muscheln, Schnecken, Würmer, Krebse, Larven und Einzeller pro Kubikmeter (!) Erde, dazu Grundeln, Schollen, Seezungen und viele Fischarten mehr, rund 1 Mio. Brutvögel vom Seeregenpfeifer bis zur Lachmöwe, im Frühjahr und Herbst zusätzlich etwa 10 Mio. durchreisende Zugvögel, Pfeif- und Trauerenten, Ringelgänse, Seetaucher und Knutts. Außerdem sind hier Seehund- und Kegelrobbenkolonien sowie Populationen von Schweinswalen und sieben weiteren Walarten heimisch. Die Rede ist vom **Nordsee-Wattenmeer,** das sich an der Nordseeküste von Dänemark bis zu den Niederlanden hinzieht.

Zweimal am Tag fallen im Watt bei Ebbe 4500 km² Meeresboden trocken. Dieser Naturraum ist geprägt durch ein ständiges Kommen und Gehen von Hoch- und Niedrig, Süß- und Salzwasser, mal bestimmt das Meer, dann wieder bestimmen Priele, Salzwiesen oder Wattflächen das Bild. Beständig ist hier nur der Wechsel. Das verlangt Flora und Fauna einiges an Anpassung ab und brachte eine Vielzahl ungewöhnlicher Spezies hervor. Zu ihrem Schutz richtete das Land Schleswig-Holstein im Jahr 1985 unter Beteiligung des World Wide Fund For Nature (WWF) den **Nationalpark Schleswig-Holsteinisches Wattenmeer** ein, den größten der 15 deutschen Nationalparks: insgesamt 4410 km² Fläche von der Küste bis zur 3-Seemeilen-Grenze. Das **Walschutzgebiet** westlich von Sylt und Amrum erstreckt sich sogar bis zur 12-Seemeilen-Grenze. Eingeteilt ist das Gebiet in zwei Schutzzonen, die unterschiedlichen Nutzungs- bzw. Schutzbestimmungen unterliegen. Bestimmte, teilweise variable Zonen darf der Mensch z. B. während der Vogelbrut und -mauser oder zur Aufzuchtzeit der Robben gar nicht betreten, andere wiederum stehen schonender wirtschaftlicher Nutzung durchaus offen, sei es zur Austernzucht oder für das Verlegen von Kabelschächten. In diesem Zusammenhang werden aktuelle Pläne kontrovers diskutiert, nach denen in unmittelbarer Nähe des Nationalparks nordöstlich von Sylt ein **Windpark** zur Stromerzeugung angelegt werden soll. Gegner des Projekts befürchten nachhaltige Schädigung des Bodens und Irritation der Vogelpopulation durch Bauarbeiten, Wartungsverkehr und Rotationslärm, Befürworter sehen in dem Vorhaben den richtigen Weg in die Zukunft, weisen auf die vergleichsweise umweltverträgliche Energiegewinnung hin und sagen eine natürliche Integration der Windräder voraus. Es bleibt abzuwarten, welche Interessen hier letztlich die Oberhand gewinnen werden.

Doch mit derlei Überlegungen beschäftigen sich Urlauber in der Regel wenig. Sie sind fasziniert von den weiten bei Ebbe verheißungsvoll glitzernden Wattflächen, aderngleich durchzogen von **Prielen** und Sielen, jenen meist flachen Rinnen, in denen sich das zurückgebliebene Wasser unter Sonneneinstrahlung stark erwärmt und zum Fußbad einlädt. Doch Vorsicht, manchmal überraschen die stillen Wasser durch unerwartet starke Strömung. Wenige Schritte weiter

Leben zwischen den Gezeiten: Wattwurm

blubbert es geheimnisvoll im nassen Sand, in verbliebenen Pfützen tummeln sich Grundeln, man sieht Strandkrabben verschreckt über die Bodenrillen huschen und kann grazile Stelzvögel bei ihrer üppigen Muschelmahlzeit beobachten.

Keinesfalls jedoch sollte man das Watt auf eigene Faust erkunden, denn Wanderer können im Handumdrehen durch einen vorher nicht sichtbaren Wasserlauf vom Ufer abgetrennt und von der schneller als erwartet herannahenden Flut überrascht werden. Der sicherste und informativste Weg das Watt zu erforschen ist die Teilnahme an einer TOP TIPP geführten **Wattwanderung**, wie sie die Sylter Tourismusvereine etwa von List, Kampen, Morsum, Rantum und Hörnum veranstalten.

Die Führungen finden nachmittags nach Eintreten der Ebbe statt (die Anfangszeiten flukturieren entsprechend den Gezeiten). Täglich kann man Gruppen von 20–30 Teilnehmern teils in Gummistiefeln, teils barfüßig beobachten, die zunächst zögerlich, dann immer mutiger und neugieriger ihren spatenbewehrten Führern ins Watt folgen. Der Spaten ist ein wichtiges Utensil, denn erst dort wo man den Meeresboden umgräbt, tritt die vielfältige geheimnisvolle **Welt des Watts** zutage. Unter den markanten ›Spaghettihäufchen‹ etwa, die tatsächlich Ausscheidungen (sog. Kotschnüre) sind, findet man 10–20 cm lange, fingerdicke Wattwürmer. Unerschrockene nehmen den nützlichen Wattbewohner sogar in die Hand, obwohl er gelblichen Schleim absondert und bei zu grober Behandlung schon mal ein Körperglied abstößt. Der gleiche Spatenstich mag auch eine längliche Messer-, Schwert- oder Scheidenmuschel zutage fördern. Die Muschel gehört übrigens zu den etwa 80 Arten von **Neobiota** (›Einwanderern‹) im Watt, d. h., sie stammt ursprünglich aus amerikanischen Gewässern und wanderte erst in den 60er-Jahren des 20. Jh. im europäischen Watt ein. Schnell avancierte sie zur Lieblingsmahlzeit eines Teils der hiesigen Austernfischer, Vögel, die kurz Aufis genannt werden. Deren an sich spitze, für den Wurmfang konstruierte Schnäbel flachen durch das beständige Aufhacken der harten Muschelschalen im Laufe der Zeit vorne meißelartig ab.

Auch zum Verzehr geeignet: Strandkrabbe

Reich gedeckt ist der Tisch an den felsigen **Muschelbänken**. Nicht nur Möwen und Strandläufer genießen die leckeren Meeresfrüchte, auch Menschen bedienen sich gerne am kostenlosen Angebot von Mutter Natur. Hat man ein passendes Messer zur Hand, kann man vor Ort die frischesten Miesmuscheln schlürfen. Gelegentlich wird man auch eine Auster finden, deren Vorkommen ursprünglich auf die nahen Zuchtareale beschränkt war. Dagegen nimmt man die **Strandkrabben**, die man in den seegras- und algenüberwucherten Felsen mit schneller Hand erbeuten kann, vor dem Verzehr zwecks Zubereitung besser mit nach Hause. Dasselbe gilt für jungen **Seetang**, aus dem sich ein leckerer Salat herstellen lässt. Außerdem kann man in den flachen Pfützen mit dem Kescher **Sandgarnelen** fangen, die gekocht und gepult unter dem Namen ›Nordseekrabben‹ verkauft werden. Mit etwas Glück und Geschick kann man im sandigen Flachwasser eine **Scholle** erbeuten. Die Plattfische gleiten bei drohender Gefahr blitzschnell einige Meter weiter, graben sich in den Sand und verharren dort regungslos. Man kann sie einfach greifen (›Buttgrabbeln‹) oder sich mit bloßen Füßen draufstellen, was man ›Buttpedden‹ nennt. Es spricht aber nichts dagegen, die Wattwanderung nur als Ausflug in einen faszinierend facettenreichen Lebensraum, wie es ihn kein zweites Mal auf der Welt gibt, zu genießen. Detaillierte Infos zum Wattenmeer bietet:

Landesamt für den Nationalpark Schleswig-Holsteinisches Wattenmeer, Schlossgarten 1, 25832 Tönning, Tel. 0 48 61/61 60, Fax 0 48 61/6 16 69, www.wattenmeer-nationalpark.de

(Di, Do etwa 13.15 Uhr, Tel. 046 51/87 71 68 ab 19 Uhr).

Wenige Meter nördlich des Hafens erstreckt sich der schmale Lister **Surfstrand** 2. Er liegt zwar an der Wattseite, aber hier ist das Wasser tief genug, um die Sportler auch bei Ebbe nicht auf dem Trockenen sitzen zu lassen. Unweit des Strandes liegt die **Wattenmeerstation Sylt** 3, in deren modernen Labors die Mitarbeiter des Alfred-Wegener-Instituts für Polar- und Meeresforschung (AWI, Tel. 046 51/95 60, www.awi-bremerhaven.de) arbeiten. Derzeit wird das Institut umgebaut, Führungen sind daher erst ab Frühjahr 2008 möglich. Grundlagenforschung zur Küstenökologie betreiben. Ihr Interesse gilt dabei z. B. den Plankton-Mikrolebewesen und den Großalgen. Besonders stolz ist man auf das bundeseigene Forschungs- und Versorgungsschiff **›Polarstern‹**. Das ›wichtigste Werkzeug der deutschen Polarforschung‹ ist an durchschnittlich 320 Tagen im Jahr auf Expeditionsfahrt. Auf dem ausgedehnten Freigelände hinter dem Institut stehen zwei Gewächshäuser der **Sylter Algenfarm** (Tel. 046 51/87 18 11, www.algenfarm.de, Führungen Mo/Do 11 Uhr), einem Projekt der Deutschen Bundesstiftung Umwelt. Die in 2000-Liter-Tanks gezüchteten Frischalgen Palmaria und Laminaria gibt es als ›gesunde Meeresrohkost‹ in einigen ausgewählten Sylter Restaurants zu kosten. Die Algen dienen aber auch der Gewinnung pharmazeutischer Substanzen und als Zusatz für Fischfutter.

Leicht hügelan führt die Alte Dorfstraße nun vorbei an der evangelischen Kirche **St. Jürgen** 4. Sie entstand 1935 für die auf List stationierten Soldaten und ist eines der wenigen Gotteshäuser, die während des Dritten Reichs in Deutschland erbaut wurden. Daher steht der schlichte braunrote Backsteinbau mit dem bemerkenswert kurz geratenen Viereckturm seit 1997 unter Denkmalschutz. Geschichtliche Bezüge stellt im Inneren der schlichte *Altar* her, dessen Platte auf ›Munksteenen‹ ruht, Backsteinen, die wahrscheinlich von einem zerstörten Vorgängerbau aus Alt-List stammen. Das spätgotische *Prozessionskruzifix* hinter dem Altar ist ein Geschenk der Keitumer. Seit Abschluss der Restaurierung 2002 präsentiert sich der früher in kräftigem Rot und Grün bemalte Kirchenraum nun wieder in vornehmem Weiß und Beige.

Weiter verläuft die Alte Dorfstraße durch ein Wohngebiet, in dem auch die *Kurverwaltung* untergebracht ist. Nach

Pflege heranwachsender Delikatessen: Zuchtsäcke in einer Lister Austernbank

Feinschmeckeradresse: Dittmeyer's Austern Compagnie serviert die Sylter Royal

Westen zweigt der Landwehrdeich ab. Er ist von einheitlichen Reihenhäusern gesäumt, das typisch strenge Straßenbild einer früheren Armeesiedlung. Über die Mövenbergstraße nach Norden und die links abzweigende Friedhofstraße gelangt man zum **Lister Friedhof** 5. Er liegt abseits aller Kirchen an einem Dünenhang. Hier ist der bereits erwähnte Flugpionier Wolfgang von Gronau bestattet.

Folgt man dann der Mövenbergstraße und Dünenstraße wieder südwärts, kann man den Rundgang stilvoll mit einem Besuch bei **Dittmeyer's Austern Compagnie** 6 (www.sylter-royal.de) in der Hafenstraße beenden. Die Firma wagte rund 60 Jahre nach dem Aussterben der Sylter Auster 1986 einen Neuanfang und siedelte eine an sich im Pazifik heimische Austernart mit Erfolg in der Blidselbucht an. Heute betreibt Dittmeyer's im Watt vor List die einzige Austernzucht Deutschlands. Mehr als 1 Mio. der *Sylter Royal* mit dem einzigartigen nussig-salzigen Geschmack werden jährlich geerntet und in alle Welt verschickt. Am besten schmecken sie aber fangfrisch zubereitet bei *Austernmeyer* (s. u.), dem der Firma angeschlossenen Restaurant.

Praktische Hinweise

Information

Kurverwaltung List, Am Brünk 1, Tel. 046 51/952 00, Fax 046 51/87 13 98, www.list.de

Fahrradverleih

Karl Tieves, Listlandstr. 15, Tel. 046 51/87 02 26

M & M, Listlandstr. 16–18, Tel. 046 51/87 75 44

Hotels

Landhaus Silbermöwe, Süderhörn 7, List, Tel. 046 51/952 20, Fax 046 51/95 22 22, www.list-sylt.de/silbermoewe. Hotel garni in ruhiger Lage nahe den Wanderdünen im Südwesten des Orts. Das reetgedeckte Haus bietet neben ordentlichen Zimmern auch eine Sauna. Bequem sind die Strandkörbe im Garten.

Schlang, Am Loo 9, List, Tel. 046 51/87 04 58, Fax 046 51/87 16 11, www.sylt-schlang.de. Familienfreundliche Pension am nördlichen Ortsrand nahe dem Königshafen in einem typischen Lister Backsteinhaus.

Manche genießen sie nur roh mit Zitrone, andere schätzen Austern in vielen Variationen

Schlürfen gehört zum guten Ton

Bereits den Menschen der Frühzeit schmeckten **Austern**, wie archäologische Funde von aufgebrochenen Muschelschalen belegen. Später galten die Tiere, und unter ihnen vor allem die viel gerühmte **Sylter Royal**, als besondere Delikatesse. Liegt das an ihrer angeblich aphrodisierenden Wirkung, auf die z. B. Casanova im 18. Jh. schwor? Oder daran, dass sie so gesund sind? Immerhin enthält das kalorienarme Austernfleisch reichlich Proteine, Lipide, Mineralsalze und Vitamine. Vielleicht aber werden sie auch derart gepriesen, weil sie so teuer sind? Schuld daran ist eigentlich der dänische König Friedrich II., der im Jahr 1587 die Austernfischerei strikt reglementierte. Der Monarch verbot kurzerhand den freien Zugriff auf die Austernbänke, sie mussten von der Krone gepachtet werden. Damit begann die kommerzielle Vermarktung der Sylter Austern, die seit Menschengedenken in der Blidselbucht südlich von List angesiedelt waren. Schon im 16. Jh. gingen ihre Bestände durch die Ausbeutung stark zurück. Anfang des 20. Jh. verschlechterte sich die Lage dramatisch, Umweltverschmutzung, einige kalte Winter, starke Dezimierung durch Seesterne und Pantoffelschnecken sowie eine Epidemie machten dem schmackhaften Schalentier schließlich vollends den Garaus. 1925 wurde die letzte Sylter Auster im Wattenmeer geerntet.

Im Jahr 1986 siedelte **Dittmeyer's Austern Compagnie** erneut Austern in der Bildselbucht an, und zwar eine pazifische Art, **Crassostrea pacifica**, die aus dem japanischen Raum stammt. Der Erfolg dieses Unternehmens übertraf bald alle Erwartungen, ja, die pazifische Auster fühlt sich in den Nordseegewässern so wohl, dass sie sich auch über die Zuchtgebiete hinaus verbreitete und mittlerweile sogar schon vor Helgoland gesichtet wurde.

Restaurants

TOP TIPP **Austernmeyer**, Hafenstr. 12, Tel. 046 51/87 75 25. Probierstube im Gebäude von Dittmeyer's Austern Compagnie. Im rückwärtigen Teil des Lokals speist man mit Blick durch große Panoramafenster auf die Lagerbecken in der Verarbeitungshalle. Von hier kommen die erntefrischen Austern direkt auf den Teller, als Sylter Royal überbacken oder im Gemüsebett. Außerdem gibt es eine kleine Auswahl

Die Austern siedeln sich auf Miesmuschelbänken an oder bilden regelrechte Riffe mit bis zu 100 Austern pro Quadratmeter.

Sie beginnen ihr Dasein als im Wasser treibende Larven, die sich an Felsen, Steindeichen, Molen oder auch an anderen Muscheln ansiedeln und zu zweiklappigen Jungmuscheln entwickeln. Grundsätzlich wachsen Austern in kühlen Gewässern wie der Nordsee viel langsamer als in wärmeren. Daher brauchen die Sylter Austern etwa drei Jahre, bis sie ihr Verzehrgewicht von 70–90 g erreichen. Der Qualität ihres Fleisches kommt das langsame Wachstum allerdings zugute. Zur Zucht werden rund 200 junge Muscheln in Netzsäcken aus Plastik, den **Poches**, verpackt und im mindestens 1 m tiefen Wattenmeer auf etwa 50 cm hohen Eisentischen gelagert. So sind sie vor Fressfeinden geschützt und versinken nicht im Schlick. Trotzdem müssen sie regelmäßig von Hand umgelagert, gereinigt und auf Beschädigungen oder Verwachsungen kontrolliert werden. Teils geschieht dies während der Ebbe vor Ort im Watt, teils genügt die Zeit vor der nächsten Flut nicht dafür und die Austern werden in die Firma transportiert. Da trifft es sich gut, dass die Tiere im trocken gefallenen Watt ihre Schalen auch über längere Zeit fest verschließen können. Diese Fähigkeit garantiert übrigens auch, dass die für den Verzehr ausgewählten und in mit Riedgras ausgelegten Spankörben in alle Welt verschickten Sylter Royal bei einer Lagertemperatur von 6 – 8 °C bis zu 10 Tagen frisch bleiben.

Vor Ort ist Frische sowieso selbstverständlich. Nachdem man sich bei Dittmeyer's Austern Compagnie in der Lister Hafenstraße einen kurzen informativen **Film** über den aufwendigen Zuchtbetrieb der Firma angesehen hat, kann man im angeschlossenen Restaurant **Austermeyer** gleich die Probe auf's Exempel machen und bei sechs oder zwölf fangfrischen Sylter Royal und einem Glas Wein dem Geheimnis des guten Geschmacks nachspüren.

an Meeresfrüchten, Krustentieren und spanischen Tapas (Di–So 12–21 Uhr).

Gosch, Am Hafen, List, Tel. 046 51/87 04 59. Erstes 1973 eröffnetes Lokal von Jürgen Gosch, dem mittlerweile legendären Vater aller Sylter Fischimbisse. Hier bietet er noch heute Krabben und Matjes an, aber auch Kaviar und Hummer vom Feinsten (tgl. 9 Uhr bis abends).

Über 200 Jahre alter Gasthof, Alte Dorfstr. 5, List, Tel. 046 51/87 72 44, www.alter-gasthof.com. Der Name verweist auf die lange Tradition des gemütlichen Friesenhauses, das 1804 als ›Fiskalische Austernstube‹ eröffnet wurde. Heute lobt man seine Muscheln ebenso wie die Hummerspezialitäten (tgl. 13–22 Uhr, Mo sowie Nov./Mitte Dez.–Febr. geschl.)

Voigts Alte Backstube, Süderhörn 2, List, Tel. 046 51/87 05 12, www.altebackstube.de. Das traditionsreiche Lokal bietet feine Regionalküche, ist aber bekannt als Pfannkuchenparadies. Es gibt über 60 Variationen, im Sommer wird das Mahl von Live-Musik auf der Terrasse begleitet.

Speisen beim ›Vater des Sylter Fischimbiss‹: Gosch am Lister Hafen

Sylt-Ost – Friesenhäuschen am Wattenmeer

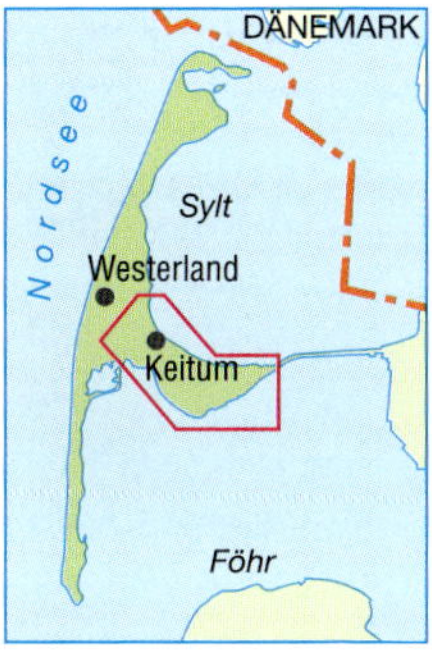

Wenn man sich Sylt über den 11,2 km langen Hindenburgdamm nähert, erblickt man als erstes die flache grüne Landschaft des Inselostens, fruchtbares Acker- und Schafweideland. Rund 12 km lang ist der östliche Ausläufer von Sylt, an seiner breitesten Stelle misst er etwa 4 km. Mehr als 2000 ha davon macht zum Süden hin der **Nössekoog** aus, flaches, von zahlreichen Gräben und Wasserläufen durchzogenes Grasland. Hier waren früher Überschwemmungen gewissermaßen an der Tagesordnung, bis 1936/37 zum Schutz dieses Küstenstreifens der **Nössedeich** errichtet wurde, der sich 13 km lang von Morsum im Osten bis zum Rantumbecken im Westen erstreckt. Seit 1970 sind die kleinen Gemeinden Morsum, Archsum, Keitum, Munkmarsch und Tinnum zur **Großkommune Sylt-Ost** vereint. Gemeinsam wurde ihnen 1973 der Status eines *Luftkurortes* zugesprochen, seit 2002 dürfen sie sich auch *Nordseebad* nennen. Gleichwohl besitzt jeder Ort noch seinen ganz eigenen Charakter. Stolz wirbt **Morsum** mit dem Slogan ›An erster Stelle auf Sylt‹ für sich, denn es ist der erste Ort, den der vom Festland kommende Zug auf seiner Fahrt nach Westerland erreicht. Außerdem befindet sich in der Nähe des beschaulichen Dorfes das *Morsum-Kliff*, die größte Sehenswürdigkeit in diesem Teil der Insel. Das ebenfalls ländliche, ruhige **Archsum** lässt man während der Anfahrt auf Westerland im wahrsten Sinne des Wortes links liegen. Der nächste Bahnhof auf der Strecke gehört zu **Keitum**, das als bilderbuchnettes friesisches *Künstlerdorf* sowie für seine im 13. Jh. erbaute Kirche *St. Severin* berühmt ist. Weniger bekannt ist der einst als ›Tor zu Sylt‹ so bedeutende Fährhafen **Munkmarsch** im Norden. Dasselbe gilt für **Tinnum** im Westen, das heute nahtlos in die Stadt Westerland übergeht. Doch hat es immerhin die vorgeschichtliche Tinnumburg, einen kleinen Tierpark sowie *Reit-*, *Rad-* und *Wanderwege* zu bieten, die sich südwärts bis zum Rantumbecken erstrecken.

8 Tinnum

Einst Sitz des Sylter Landvogts, heute stiller familienfreundlicher Ferienort.

Die meisten Sylt-Urlauber kommen mindestens einmal nach Tinnum – zum **Einkaufen**. Entlang der *Keitumer Chaussee*, die von Westerland aus ostwärts führt, formieren sich einige Supermärkte und Handwerksbetriebe zu einem kleinen Gewerbegebiet. Der alte Dorfkern jenseits der Bahnlinie bleibt bei solchen Stippvisiten meist unbeachtet. Dabei kann ein Spaziergang durch die gepflegten Straßen durchaus reizvoll sein.

◁ *Der Nössekoog* (**oben**) *ist malerischer Rahmen für schöne Friesenhäuser mit stimmungsvollen Wohnstuben, wie hier im Altfriesischen Haus in Keitum* (**unten**)

Geschichte Auf dem Gebiet von Tinnum finden sich rund 2000 Jahre alte Siedlungsspuren. In etwas jüngerer Vergangenheit war es ein bedeutendes **Bauerndorf**. Und obwohl es als einer der wenigen Orte auf Sylt nicht am Meer liegt, schrieben doch zwei der einst hier ansässigen Seeleute Sylter *Seefahrtsgeschichte*. Die Brüder Tam und Bunde Petersen nämlich waren die ersten Sylter, die 1642 als Kommandeure eigener Schiffe unter niederländischer Flagge auf **Walfang** gingen. Zahlreiche Bewohner folgten bald ihrem Beispiel und läuteten damit das ›Goldene Zeitalter‹ der Insel ein.

Um das Jahr 1600 wählte der **Landvogt** Knut Taken das zentrale Tinnum als Amtssitz, und auch seine Amtsnachfolger lenkten bis 1868 von hier aus die Geschäfte. Landvogt Peter Taken, Knuts Enkel, errichtete 1649 ein Wohn- und Amtsgebäude, in dem 1837 auch das Sylter Amtsgericht und das Gefängnis der Insel ihren Platz fanden. Dass das Gericht 1904 nach Westerland umzog zeigt, wie dominant dieser Ort dank des Bädertourismus inzwischen geworden war. Tinnum geriet in Folge etwas in Vergessenheit, heute freilich erfreut es sich als **Ferienort** dank der für Sylt halbwegs erschwinglichen Preise vor allem bei Familien großer Beliebtheit.

Besichtigung Rund 2500 Einwohner zählt der drittgrößte Ort Sylts. Die überwiegend von Einfamilienhäuschen mit Garten gesäumten Straßen bieten einen gepflegten Anblick, allerdings hat Tinnum nur wenige touristische Attraktionen aufzuweisen. Im Süden und Osten kann man bei einem Spaziergang einige hübsche historische *Friesenhäuschen* entdecken, außerdem gibt es zwei Reiterhöfe und ein nicht ganz alltägliches Geschäft mit Poststelle: In diesem **Spar-Markt Johannsen** kann man nämlich auch eine *Angelerlaubnis* für Sylt erwerben. Viele der Angestellten sind aktive Angler, so erhält man z. B. an der Fleischtheke Tipps zum Küstenfischen, während man sich an der Käsetheke angeregt über die besten Angelplätze im Inselinneren unterhält [s. S. 135].

Unweit auf der gegenüberliegenden Seite der Straße Kampende steht die **Alte Landvogtei**. Das reetgedeckte Friesenhäuschen geht im Kern auf das Gebäude zurück, das 1649 unter Landvogt Peter Taken als Amtssitz errichtet worden war, wurde aber später mehrfach umgebaut.

Geht man auf der Kampende westwärts, erreicht man nach einem Stück unbebauten Land die ersten Häuser von Westerland und biegt südlich in den Borrigwai ab, an dessen Ende die **Tinnumburg** aufragt. Sie besteht aus einem etwa 8 m hohen, am Fuß etwa 20 m breiten Erdwall mit einem Innendurchmesser von 120 m. Archäologische Funde deuten darauf hin, dass an dieser Stelle vor rund 2000 Jahren ein Kultplatz lag, der ringförmige begrünte Wall entstand aber wohl erst 1000 Jahre später zur Zeit der Wikinger. Trampelpfade führen den steilen Hang hinauf zur Wallkrone, auf der man bis zu dem Durchstich entlanglaufen kann, den der Landvogt Matthias Matthießen im 18. Jh. angeordnet hatte. Er ließ das Erdreich archäologisch sichten, doch ohne Ergebnis.

Ringwallanlage aus der Wikingerzeit: die Tinnumburg aus der Vogelperspektive

Luxus in gemütlichem Ambiente: Im Hotel Landhaus Stricker ist Wohlgefühl Programm

Zwischen Feldern liegt 1 km südöstlich ein Gehöft, das den 1963 eröffneten **Tierpark** (Mai–Nov. tgl. 10–19 Uhr, Tel. 046 51/326 01, www.tierpark-tinnum.de) der Familie Christiansen beheimatet. Vor allem die Kinder freuen sich am Anblick der Flamingos, Pfaue und Hühner, die frei herumlaufen. Ferner gibt es Aras, Affen und Emus, im *Streichelzoo* Schafe und Ziegen. Zum Toben lädt ein Spielplatz mit Hüpfburg ein, wer es geruhsamer mag, der schippert auf dem kleinen Teich mit dem Tretboot herum.

i Praktische Hinweise

Information

Kurverwaltung Sylt-Ost, Büro Tinnum, Dirksstr. 11, Tinnum, Tel. 046 51/98 37 11, Fax 046 51/98 37 17, www.tinnum.de

Fahrradverleih

Abbe's Fahrräder, Zur Eiche 16, Tinnum, Tel. 046 51/352 58

M & M, Dirksstr. 65, Tinnum, Tel. 046 51/357 77

Reiten

Ponyhof Christiansen, Dirksstr. 57, Ecke Ringweg, Tinnum, Tel. 046 51/326 01. Ponyreiten für Kinder auf zentralem Freigelände (Mai–Okt. Mo–Sa 15–18 Uhr).

Reitstall Wiesengrund, Zum Wiesengrund, Tinnum, Tel. 046 51/316 00. Hof im Westen nahe dem Tierpark. Ausritte an den Weststrand und Reitunterricht.

Camping

Südhörn, Ziegeleiweg, Tinnum, Tel. 046 51/36 07, Fax 046 51/36 19, www.campingplatz-suedhoern.de. Hübsch in den Wiesen südlich des Ortes gelegener Platz, mit Büschen und Bäumen bestanden. Familiäre und ruhige Atmosphäre. Ebenso empfehlenswert ist die angegliederte Janke's Gaststube (s. u.).

Hotels

TOP TIPP *******Landhaus Stricker**, Boy-Nielsen-Str. 10, Tinnum, Tel. 046 51/889 90, Fax 046 51/889 94 99, www.landhaus-stricker.de. Das 2002 eröffnete Landhaus zeigt edle Materialien, unaufdringliche Eleganz, einen schönen Garten mit plätscherndem Bächlein und schilfbestandenem Teich. Unter dem Reetdach vereint sind 38 großzügige Zimmer und Suiten – Luxus vom Feinsten. Bemerkenswert ist auch das 700 m² große Private Spa mit allen Annehmlichkeiten für Beauty und Wellness, dem Kosmetikbereich und dem gut ausgestatteten Workout-Room.

Attraktion für Jung und Alt: Erkundungsfahrt mit der Pferdekutsche durch Keitum

Restaurants

Bodendorf's, Boy-Nielsen-Str. 10, Tinnum, Tel. 046 51/889 90. Restaurant beim Landhaus Stricker. Die exquisiten, mediterran inspirierten Kreationen von Holger Bodendorf, darunter Seeteufel in Thymian mit geschmortem Fenchel und Rehrücken mit Pinienkernkruste, trägt seit 2002 einen Michelinstern. Neben dem Gourmetrestaurant (Do–Mo ab 19 Uhr) wird in der ›Tenne‹ und im ›Kaminzimmer‹ feine regionale Küche wie Linsengemüse mit krossen Entenwürfeln serviert (tgl. 12–14 und 18–22 Uhr).

Janke's Gaststube, Ziegeleiweg, Tinnum, Tel. 046 51/37 20. Im dichten Grün am Campingplatz versteckt liegt dieses Gasthaus. Geboten werden üppige Fischteller oder köstliche Muschelterrinen. Und so großzügig die Portionen, so erfreulich niedrig die Preise (Do–Mo 12–14 und 17–22 Uhr, im Winter kein Mittagstisch).

Zur Eiche, Zur Eiche 38, Tinnum, Tel. 046 51/311 44. Gutbürgerliches Restaurant in ruhigem Wohnviertel. Beliebt sind die leckere Mastente, Spare Ribs und Seeteufelmedaillons (Mi geschl.).

9 Keitum

Plan Seite 76

Reetgedeckte Friesenhäuschen und eine bedeutende Kirche prägen Dorfromantik wie vor 100 Jahren.

›Grünes Herz der Insel‹ wird das am Wattenmeer gelegene Keitum (1250 Einw. und 850 Zweitwohnungsbesitzer) auch genannt, und tatsächlich setzt sich das Grün der Wiesen und Weiden der Umgebung im Dorf selbst fort: Die schmalen Teerstraßen sind gesäumt von grasüberwachsenen Steinwällen, hinter denen sich in gepflegten Gärten reizende historische *Friesenhäuschen* in den Schatten hoher Kastanien und Linden ducken. Und selbst die baumbestandene Steilküste im Nordosten trägt ob ihres satten Grasbewuchses den Namen **Grünes Kliff**. Zusätzlich zu diesen äußeren Reizen Keitums machen eine der ältesten Kirchen der Insel, zwei Heimatmuseen sowie mehrere Kunsthandwerksläden einen Besuch zu einem Genuss.

Geschichte Die fruchtbare Gegend um Keitum war bereits in prähistorischer Zeit besiedelt, wofür u.a. das Hünengrab *Tipkenhoog* östlich des Dorfes spricht. Dessen ältestes Gebäude ist die Kirche

St. Severin aus dem 13. Jh. Sie stand damals noch ›allein auf der grünen Wiese‹ und ihr Turm diente lange Zeit den Wattschiffern als Landmarke. Eine Siedlung namens *Heidum* ist für 1462 urkundlich belegt. Viele der schmucken Friesenhäuser, die heute das Ortsbild prägen, entstanden im 17./18. Jh. als Altersruhesitze wohlhabender Kapitäne. Zu diesen Anwesen gehören das heute als Museum zugängliche *Altfriesische Haus* von 1739 und das 1764 erbaute *Landschaftliche Haus*. Dieses diente im 15.–19. Jh. einem Rat Sylter Bauern als Versammlungsort, seit 1835 ist es Gaststätte.

Keitum besaß ab 1820 auch einen großen **Hafen**, über den zahlreiche Waren Sylt erreichten. Sie wurden im 1829 eigens erbauten *Packhaus* gestapelt. Aber das dem Wattenmeer zugewandte Hafenbecken verschlickte zusehends, sodass sich ab 1859 der Schiffsverkehr ins nördliche Munkmarsch [Nr. 10] verlagerte. 1860 war Keitum mit knapp 800 Einwohnern noch der größte Ort der Insel, doch mit der endgültigen Aufgabe des Hafens 1868/69 verlagerten sich Handel und Gewerbe ins aufblühende Westerland.

Das ruhige Dorf Keitum am Wattenmeer fand anfangs touristisch kaum Beachtung, allerdings wurde es 1950 zum *Luftkurort* ernannt. Bald zogen die damals noch günstigen Mieten Kunsthandwerker an. Töpfer, Goldschmiede, Weber richteten ihre Werkstätten in den alten Friesenhäuschen entlang der Hauptstraße **Gurtstig** ein. Die ›Entdeckung‹ Keitums als Ferienort ließ nicht lange auf sich warten. Bundesweite Publicity bekam es 1963 als Gewinner des Wettbewerbs *›Unser Dorf soll schöner werden‹*, und bereits 1969 konnte die Gemeinde an der Küste ein beheiztes Meerwasserschwimmbad einweihen. 1978 wurde das *Haus des Kurgastes* eröffnet und 1985 die Mehrzweckhalle *Friesensaal*, die u. a. für kulturelle Veranstaltungen genutzt wird. Auf der dazu gehörigen Grünfläche werden im Herbst *Ringreiterturniere* [s. S. 87] ausgetragen. Besondere Beachtung genießt auch der *Friedhof* von St. Severin mit den Grabstätten zahlreicher bekannter Persönlichkeiten, die mit Keitum verbunden waren.

Besichtigung Am Nordrand von Keitum, an der Straße nach Munkmarsch, steht die Kirche **St. Severin** (1) (tgl. 9–16.30 Uhr, Kirchenführungen Do 17 Uhr, im Winter 16 Uhr, Kirchenkonzerte Mi 20.15 Uhr, außer Fei). An der

TOP TIPP

Einst Wehrkirche, heute feierlicher Rahmen für berühmte Orgelkonzerte: St. Severin

Stelle eines Vorgängerbaus aus dem 10. Jh. entstand die Kirche ab 1240. *Chorraum* und *Apsis* im Stil der Romanik sind die ältesten heute noch erhaltenen Teile. Das Langhaus des einschiffigen Baus wurde samt Kalfaster Mitte des 15. Jh. errichtet, der 26 m hohe massige **Glockenturm** folgte 1450. Er setzt sich mit seinem roten Backsteinmauerwerk deutlich von dem weiß getünchten Hauptbau ab. An seiner Westseite sind die beiden Hälften eines Findlings eingearbeitet, bei denen es sich der Sage nach um den gespaltenen *Grabstein* der beiden wohlhabenden Damen Ing und Dung handeln soll. Sie sollen durch eine erhebliche Geldspende den Turmbau erst ermöglicht haben. Allerdings sagten sie voraus, dass eines Tages die Glocke herabstürzen und den schönsten Jüngling des Dorfes erschlagen werde, und über dem schönsten Mädchen werde gleich der ganze Turm zusammenstürzen. Tatsächlich kam es 1739 zu einem tödlichen Unfall, als sich beim Läuten die Glocke aus ihrer Halterung löste und einen jungen Mann unter sich begrub. Man sagt, dass seitdem aus Angst, dass sich auch der zweite Teil der Prophezeiung erfüllen könne, die jungen Frauen nicht mehr allzu nah am Turm vorbeigehen wollen.

Allerdings liegt die heutige *Hauptpforte* der Kirche an der Nordseite des Turms, der als **Vorraum** fungiert. Hier sind ein *Kreuz* aus Strandgut von Anatol Herzfeld (* 1931) und ein Teil des *Kirchenschatzes* – Kelche, Bibeln, Altarleuchter sowie ein hölzerner Spendenstock, *Bettelbrett* genannt, vom Ende des 18. Jh. versammelt. Außerdem mahnt die düstere Skulptur *›Das Zeichen‹* (1920) von Ernest Hoffmann-Igl an Kriegsopfer. Die Tür zur Kirche ist wegen der Klinken in Form von Pottwalen bemerkenswert.

Der **Innenraum** wirkt auf den ersten Blick etwas düster, denn die West- und die Nordseite werden von einer hölzernen Empore dominiert. Eine Stufe führt vom Eingang in das Langhaus hinab, das den Blick auf den *Flügelaltar* im durch einen Rundbogen abgesetzten *Chor* freigibt. Ein unbekannter Meister schuf das ernste spätgotische Werk der Schnitzkunst um 1480. Im Zentrum präsentiert der thronende Gottvater Christus mit seinen Wundmalen (Gnadenstuhl) flankiert von Maria mit Kind und dem Kirchenpatron St. Severin, der um 400 Bischof von Köln war. Figuren der zwölf Apostel zieren die Flügel. Die Außenseiten des Altars zeigen acht teilweise stark zerstörte Bildfelder mit Szenen der Passion

Kontemplatives Werk der Schnitzkunst: spätgotischer Flügelaltar in der Kirche St. Severin

Christi. Die Predella präsentiert das ›Letzte Abendmahl‹.

Linker Hand steht der um das Jahr 1230 entstandene romanische *Taufstein*, das älteste Ausstattungsstück der Kirche. Die stilisierten Löwen auf dem quadratischen Steinsockel sind kaum noch zu erkennen, gut erhalten ist hingegen das Schmuckband am Becken. An der Wand dahinter sieht man das Fragment eines barocken *Wandgemäldes* und den bemalten *Deckel des Taufsteins* (1697) mit der ›Taufe Christi‹. Rechts davon schmücken drei große *Predigertafeln* die Chorwand. Diese Liste der hier tätigen Seelsorger nennt auch Traugott Giessen, seit 1976 wortgewaltiger Pastor von St. Severin, dessen Gottesdienste stets gut besucht sind.

An der gegenüberliegenden Wand steht neben der Tür zum einstigen Kalfaster (Aufwärmraum), heute Sakristei, der *Müllerstuhl*. Was an einen Beichtstuhl erinnert, ist in Wirklichkeit eine Loge. Sie gehörte Nickels Jensen, dem ›Graupen-Möller von Munkmarsch‹, einem Honoratioren der Gemeinde. Er und seine Familie wohnten von hier aus dem Gottesdienst bei. Einst säumten zahlreiche dieser Stühle den Chorraum, doch nach der Restaurierung 1967 blieb nur dieser eine erhalten. In der Bekrönung der im Übrigen schlichten Loge sind ›Gefangennahme‹ und ›Auferstehung Christi‹ dargestellt.

Ein weiteres bemerkenswertes Ausstattungsstück ist die reich geschnitzte und in kräftigen Farben bemalte *Kanzel* von 1580 im Langhaus. Sie kam 1699 durch Schenkung aus dem dänischen Møgeltondern nach St. Severin. Die Flachreliefs der Brüstung zeigen zwei Wappen sowie die Allegorien Glaube, Gerechtigkeit und Mäßigung.

Die Wände zieren Gemälde und Skulpturen, darunter das moderne Bild ›*Mitten durch die Verzweiflung hindurchbrechen*‹ der Sylter Malerin Magda Rose-Weingard (1902–1996) links vom Eingang und die ergreifende Holzplastik *Johannes des Täufers* aus dem 17. Jh. an der Südwand. Das zweite Gemälde an der linken Wand ist übrigens eine Kopie der ›*Grablegung Christi*‹ aus der Kirche St. Peter in Rantum [s. S. 100]. Es lohnt sich aber auch, den Blick zur grün grundierten *Balkendecke* der Kirche emporzuheben, die Franz Korwan-Katzenstein (1865–1942) im Jahr 1913 bemalte, im Chor schmückte er sie mit Blumenornamenten, im Langhaus mit Tierkreiszeichen.

Ehrwürdiger Zeuge stolzer Zeiten: Kapitänsstein auf dem Friedhof von St. Severin

Besonders stolz ist die Gemeinde von St. Severin auf ihre Orgel. Das erste Instrument von 1787 sollte ersetzt werden, nachdem St. Severin im Jahr 1992 mit dem zuvor am Leipziger Gewandhaus als Solist tätigen *Matthias Eisenberg* (* 1956) einen Organist von Weltrang bekommen hatte. Ein engagierter Förderkreis und die gut besuchten Eisenberg-Konzerte machten schließlich den Kauf einer erstklassigen *Mühleisen-Orgel* mit 4000 Pfeifen und 46 Registern möglich. Seit 1999 füllt ihr gewaltiger Klang die dafür wohl doch etwas zu kleine Kirche. Der alte *Orgelprospekt* mit seinen an das Paradies gemahnende Traubenranken schmückt auch noch die neue Orgel.

So viel St. Severin im Inneren zu bieten hat, so interessant ist auch ein Rundgang über den **Friedhof**, denn hier fanden zahlreiche prominente Gemeindemitglieder und Sylt-Liebhaber ihre letzte Ruhestätte. So steht z. B. im Osten bei der Friedhofsmauer auf einem schlichten grünlichen Findling zu lesen ›*Peter Suhrkamp* 1891–1959‹. In derselben Reihe weiter nördlich befindet sich das ebenso zurückhaltend gestaltete Grab seines Verlegerkollegen *Rudolf Augstein* (1923–2002).

Ferner ruhen auf dem Friedhof der Schriftsteller und Naturschützer *Ferdinand Avenarius* (1856–1923), der Architekt *Walther Baedeker* (1880–1959) sowie die Schauspielerin und Verlegersgattin *Clara Tiedemann* (1891–1979). Auch alteingesessene Sylter Familien besitzen Grabstätten auf dem Keitumer Friedhof, darunter die Familie Hansen, aus der auch der Sylter Chronist Christian Peter Hansen stammt. Ihre Grabstelle beim Osttor umfasst fünf ovale Grabsteine.

Wohlhabende Familien leisteten sich im 18./19. Jh. auch aufwendige Gedenktafeln. Diese konnten bis zu 2 m hoch sein und waren mit ausführlichen Inschriften zum guten, gottesfürchtigen Leben des oder der Verstorbenen versehen sowie häufig mit Reliefabbildungen verziert, etwa von Schiffen (als Berufsbezeichnung oder als Symbol der Hoffnung). Es lag nahe, diese kostspieligen Grabtafeln wiederzuverwenden, wenn sie ›abgelaufen‹ waren. Dazu ließ man den ursprünglichen Namen löschen und an seiner Stelle den neuen einsetzen, die restliche Gestaltung blieb erhalten. Einige sehr schön restaurierte Prachtexemplare dieser alten **Kapitänssteine** sind am Nordwall aufgereiht.

Auf dem Weg zu den Kapitänssteinen passiert man die backsteinerne Aussegnungshalle. Auf der Rückseite zeigt das große Kachelbild *›Garten Eden‹* des Keitumer Künstlers Dieter Röttger (* 1930) mit Kerzenleuchter, strahlenden Sternen und Sonnenrad bunte Symbole des Werdens und Vergehens. Sehenswert ist auch die 1992 entstandene Bronzeskulptur *›Komtur‹* von Anna Chromey. Ein teils gespenstisch, teils würdevoll wirkender Kapuzenmantel in Form einer menschlichen Gestalt aber ohne körperlichen Inhalt duckt sich rechts vom Südeingang in

den Schatten eines knorrigen Wacholderbaums. Geht man von hier an der Südwand der Kirche entlang, kommt man zu weiteren zeitgenössischen Kunstwerken. Der gut 2 m hohe ›*Lebensbaum*‹ etwa entstand 1999 anlässlich der Ersten Keitumer Skulpturtage. Die Ulmenholzskulptur des Liberianers Kojo Samuels (* 1943) zeigt aus Astwerk wachsende Menschenarme und Wurzelwerk ineinander verschlungen. Ein traditionelles christliches Motiv zitiert die kegelförmige Holzfigur ›*Gefunden, geliebt, bewahrt*‹ (2002) von Ulrich Lindow. Sie hält liebevoll ein Lamm auf dem Arm.

Verlässt man das Kirchenareal durch das rückwärtige Tor, gelangt man über den hier beginnenden *Kirchenweg* ins alte Zentrum von Keitum. Bei der ersten Straße links, die übrigens zum schönen *Fußweg* am Wattenmeer führt, kann man einen Blick auf das **Packhaus** 2 von 1829 werfen, dem einstigen Lagerhaus des Keitumer Hafens, in dem heute Ferienwohnungen zur Vermietung bereitstehen. Der zweistöckige weiß getünchte Bau ist über eine Treppe zugänglich, die zur Beletage hinaufführt. Ab 1832 beherbergte das Packhaus auch das *Königliche Zollamt* und ab 1854 die erste *Poststelle* der Insel. Im Jahr 1848 fand hier sogar die Versammlung der 400–500 Sylter statt, die sich gegen den dänischen König und für eine Unterstützung der deutschen Revolutionsregierung in Kiel aussprachen (bis 1850 hatten die Dänen die Situation aber wieder im Griff). Aufgrund der Verlandung des Hafens wurde das Lagergebäude ab 1860 in ein Wohnhaus umgewandelt. Hier ließ sich im Jahr 1869 Friedrich Johannes Hübbe (1836–1902), Düneninspektor und letzter Landvogt Sylts, nieder.

Der sich nun anschließende Bummel durch das alte Keitum ist deshalb besonders angenehm, weil einige der Straßen für den Autoverkehr gesperrt sind. Bald erreicht man in der Gasse *Am Kliff* das malerisch inmitten eines Gartens gelegene **Altfriesische Haus** 3 (Am Kliff 13, Tel. 046 51/311 01, Mo–Fr 10–17, Sa/So/Fei 11–17 Uhr, im Winter Mo–Fr 13–16 Uhr). Das lang gestreckte einstöckige Ziegelhaus mit Reetdach wurde 1739 von Kapitän Peter Uwen unter Einbeziehung eines Vorgängerbaus errichtet, 1784 wurde es erweitert. Ab 1850 lebte hier der Lehrer und Chronist *Christian Peter Hansen* (1803–1879) mit seiner Familie. Er stellte hier eine heimatkundliche Sammlung zusammen. Sein Erbe trat 1907 der zwei Jahre zuvor in Keitum gegründete Sylter Heimatpflegeverein *Söl'ring Foriining* an, der seitdem dieses Museum zur Sylter Kulturgeschichte des 18./19. Jh. betreibt. Durch den giebelbekrönten Eingang des typischen uthlandfriesischen Hauses gelangt man in den Flur und links in die frühere Küche, wo sich heute die Museumskasse befindet. An manchen Tagen (Di/Mi 15–17, Do 10–12 Uhr) dringt aus dem Nebenzimmer das emsige Klappern von Webstühlen. Dann kann man den *Weberinnen* bei ihrer traditionsreichen Kunst zusehen und deren Erzeugnisse in Form von Schafwolldecken, Leinentischdecken oder fantasievollen Wandbehängen erstehen.

TOP TIPP

Die gute Stube: Das Altfriesische Haus in Keitum zeigt Wohnkultur des 18./19. Jh.

Nun geht es weiter zu den *Wohnräumen*, die alle nach Süden hin liegen, um das Sonnenlicht optimal zu nutzen. Den Auftakt macht der *Pesel*, die für feierliche Anlässe reservierte Gute Stube. Die Wände sind hier wie auch in den übrigen Räumen zum Schutz gegen die winterliche Feuchtigkeit mit kobaltblauen und manganroten Kacheln gefliest. Balken- und Deckenmalereien im Rokokostil und Bibelsprüche vervollständigen den Schmuck.

Zur Ausstattung gehören die kostbarsten Besitztümer der Familie, z. B. eine bemalte Kleidertruhe aus England, ein russischer Teesamowar sowie ein kostbarer Brautteller aus den Niederlanden. Die benachbarte Wohnstube, die *Köö*v, schmückt ein reliefierter gusseiserner *Bilegger*, ein Beistellofen, der von der Küche her beheizt wurde. Über dem Ofen ist das Kachelbild des holländischen Dreimasters ›Eintracht‹ zu bewundern. Außerdem kann man einen Blick in den *Alkoven* werfen, eines jener in die Zimmerwände eingebauten Schrankbetten. Bei Kälte wurden die Flügeltüren des Bettes nachts geschlossen.

Eigentlich liegt beim uthlandfriesischen Haus jenseits der Wohnräume an der Westseite der Wirtschaftsbereich mit Stall und Tenne, hier ist er jedoch nicht ausgebaut, und daher geht man zum Schluss wieder durch Kööv, Pesel und Küche zur Haustür zurück.

Nur wenige Meter von hier liegt das **Sylter Heimatmuseum** 4 (Am Kliff 19, Tel. 046 51/316 69, April–Okt. Mo–Fr 10–17, Sa/So/Fei 11–17 Uhr, Nov.–März Di–Fr 13–16 Uhr). Ein großer Garten umgibt das weiße reetgedeckte Haus mit seinem heute ausgebauten Dachgeschoss, das Kapitän Uwe Peters 1759 in herrlicher Lage am Rand des Grünen Kliffs erbauen ließ. Man kann es gar nicht verfehlen, denn den Eingang markieren zwei über 2 m hohe, als Torbogen zusammengestellte Unterkieferknochen eines *Finnwals*, der im Februar 1995 vor Wenningstedt gestrandet war.

Ungewöhnlich: Ein Triumphbogen aus den Kieferknochen eines Wals begrüßt Besucher des Sylter Heimatmuseums in Keitum

Auch im *Garten* selbst, im Schatten von Ulmen und Kastanien, sind Teile von Skelett und Schädel zweier gestrandeter Wale ausgestellt. Ebenso sieht man einige Steingräber aus der Stein- und Bronzezeit sowie aus dem Mittelalter, die im Laufe des 19. und frühen 20. Jh. hierher gebracht wurden. Typisch sind die steinerne Bestattungskiste aus dem *Thinghoog* bei Tinnum und das Steinbett aus dem Keitumer *Willshoog*. Beide Grabhügel waren im Zuge des Flughafenausbaus in den 1930er-Jahren abgetragen worden, und das archäologisch interessante Material ging an das Sylter Heimatmuseum.

So findet man im *Inneren* auch etliche vor- und frühgeschichtliche Fundstücke wie Steinbeile oder Bronzeringe, dazu Abgüsse von Keramikfunden aus dem Wenningstedter *Denghoog*. Aber auch die Museumsräume selbst verdienen Aufmerksamkeit, z. B. die dunkelrot grundierte und mit Landschaftsszenen ausgemalte Diele und der Kassenraum mit kunstvoll geschnitzten Deckenbalken. Die vier anschließenden Schauräume sind der Volkskunst, der Wohnkultur, den Sylter Trachten und der Seefahrt gewidmet. Hier sieht man *Tinkelstocker* zum Klöppeln von Borten, ein *Broket Kaartel* genanntes Brokat- und Leinenkleid, opulente Meerschaumpfeifen, Kronenkompass und Oktant, filigranen Silberschmuck, kunstvolle Messing-Brautteller und eine elegante *Wanduhr* von 1798, ein Hochzeitsgeschenk mit den Initialen der Brautleute auf dem Ziffernblatt. Von Wohlstand zeugen ostindisches Porzellan oder mundgeblasene Glasflaschen, von ausgedehnten Reisen erzählen eine japanische Holzschale, ein geschnitztes Rentiergeweih aus Lappland oder ein somalischer Buckelschild.

Inmitten der volkskundlichen Sammlung ist ein Durchgangsraum für wechselnde *Gemäldeausstellungen* reserviert. Von hier führt eine Treppe hinauf ins Obergeschoss, das in erster Linie dem lange Jahre in der Keitumer C.-P.-Hansen-Allee ansässigen Pastor und Künstler *Magnus Weidemann* (1880–1967) gewid-

Harhoog – Das jahrtausendealte Grab ist heute ein beliebtes Ausflugsziel

met ist. Zu sehen sind einige seiner Bücher, darunter das 1903 erschienene ›Reform der Frauenkleidung als sittliche Pflicht‹ oder ›Wege zur Freude‹ von 1926, auf Sylt entstandene Landschaftsgemälde und unter dem Titel ›Körperschönheit im Lichtbild‹ Akt-Fotografien aus den 1920er-Jahren.

Geht man vom Heimatmuseum aus weiter, trifft man in der *C.-P.-Hansen-Allee* auf das alte Spritzenhaus, in dem seit 1998 das **Feuerwehrmuseum** 5 (April–Okt. Di 10.30–13 Uhr, Tel. 046 51/93 51 18) auf 60 m^2 ein technisch orientiertes Kontrastprogramm bietet, historische Löschfahr- und -werkzeuge, Feuerwehruniformen sowie alte Fotografien.

Wählt man jedoch vom Heimatmuseum aus den Weg durch die hintere Gartentür und dann Richtung Südosten entlang des *Grünen Kliffs*, gelangt man bald zu der in eine Bodensenke eingepassten *Arena* (Am Tipkenhoog 3), einer kleinen Freilichtbühne, die gelegentlich für Konzerte oder Theaterveranstaltungen genutzt wird. Bis bis zum Saisonbeginn 2008 soll hier die Keitum-Therme entstehen.

Nur wenige Meter weiter liegen am Hochufer etwa 8 m über dem Watt zwei vorgeschichtliche Begräbnisstätten. Aus der Bronzezeit (1700–500 v. Chr.) stammt der etwa 6 m hohe Grabhügel **Tipkenhoog** 6. Hier soll der Sage nach Tipken ruhen, dem sein allzeit getreulich erfülltes Amt als Wächter der Sylter Riesen den Ehrennamen ›Heidumer Hahn‹ eingetragen hatte. Der pflichtgetreue Kämpe soll im Kampf gegen dänische Eindringlinge gefallen und anschließend an der Stelle bestattet worden sein, an der zuvor sein Wachturm *Tipkentörn* aufragte. Archäologische Grabungen im Jahr 1870 konnten diese Erzählung allerdings nicht bestätigen. Auf der Spitze des Tipkenhoog wurde 1940 eine Flakstellung eingerichtet und nur Sicherungsmaßnahmen konnten ihn 1982 vor dem endgültigen Zusammensacken retten. Trotz eines Schutzzauns führen aber noch heute mehrere ausgetretene Pfade auf den aussichtsreichen Hügel.

Wenige Meter entfernt befindet sich das in Teilen erdüberhäufte, vorn jedoch offene Steinbett des **Harhoog** 7. Dieses neolithische ›Riesenbett‹ stand ursprünglich auf einer bewaldeten Anhöhe zwischen Keitum und Tinnum, wurde aber beim Ausbau des Flughafens 1954 hierher versetzt.

Als Ziel für eine Spritztour per Rad oder einen Spaziergang bietet sich südlich der Bahnlinie das **Sylter Teekontor** 8 (Siidik 13, Tel. 046 51/335 70) an. Neben diversen Teesorten kann man hier auch Geschirr, Haus- und Gartenschmuck erstehen. Schräg gegenüber bietet der **Hofladen** 9 (Siidik 6, Tel. 046 51/326 60, www.hof

kloewenhoog.de) im *Hof Klöwenhoog* Bio-Schafs- und Ziegenkäse an, Produkte von glücklichen Deichwiesentieren. Es gibt aber auch selbst gemachte Marmelade, Raps- und Blütenhonig, kräftiges Landbrot und Fruchtliköre. Die Bänke vor dem Lädchen laden zum Verweilen ein.

i Praktische Hinweise

Information

Touristbüro, Am Tipkenhoog 5, Keitum, Tel. 046 51/33 70, Fax 046 51/3 37 27, www.keitum.de

Führungen

Ortsführung, Mi 11 Uhr, Treffpunkt vor dem Touristbüro von Keitum oder an der Bushaltestelle St. Severin.

Fahrradverleih

Christel's, Gurtstig 24, Keitum, Tel. 046 51/327 97

Der Fahrradladen, Gurtstig 44, Keitum, Tel. 046 51/328 79

M & M, Weidemannweg 1, Keitum, Tel. 046 51/301 20

Friesische Aromen für stilvolle Stunden bietet der Sylter Teekontor in Keitum

Kunsthandwerk

Gold und Silber Werkstatt, Christoph Freier, Erich-Johannsen-Wai 1, Keitum, Tel. 046 51/93 55 21, www.gold-silberwerkstatt.de. Von Märchen und Sagen inspirierte, z. T. mit Edelsteinen besetzte Schmuckstücke.

Goldschmiedewerkstatt Birte Wieda, Gurtstig 26, Keitum, Tel. 046 51/331 60, www.goldschmiede-wieda.de. Fantasievolle Ohrringe, sachlich-moderne Halsketten, Armbänder und Ringe.

Handweberei Silke Wessel, Erich-Johannsen-Wai 1, Keitum, Tel. 046 51/302 09. Wolle, Leinen, Baumwolle und Seide.

Kunststück gedreht & gemalt, Gaat 6, Keitum, Tel. 046 51/315 87. Originelle Kreationen aus Steinzeug und Porzellan.

Westphal Glas, im Bahnhof, Keitum, Tel. 046 51/329 33, www.westphal-glas.de. Glas in allen Farben und Formen sowie moderne Holzskulpturen.

Reiten

Reitschule Grünhof, Süderstr. 80, Keitum, Tel. 046 51/312 08, Fax 046 51/36 93, www.gruenhof-sylt.de. Reiteraus- und -weiterbildung im Freien und in der Halle.

Reitstall Lorenz Hoffmann, Gurtstig 46, Keitum, Tel. 046 51/315 63, Fax 046 51/358 73, www.reitstall-hoffmann.de. Reitstunden und Ausritte auf Pferden aus eigener Zucht. Besondere Attraktionen sind Fahrten mit der Kutsche oder dem Planwagen durch den Ort.

Hotels

*******Aarnhoog**, Gaat 13, Keitum, Tel. 046 51/39 90, Fax 046 51/399 10, www.aarnhoog.de. Rustikal-edel gibt sich das umgebaute Gehöft im ruhigen Süden. Ein Doppelzimmer und zwölf Suiten bieten gediegene Wohnlichkeit. Zum Angebot im Haus gehören Wellnessbereich, Kosmetikstudio und Film/CD-Verleih.

TOP TIPP *******Benen-Diken-Hof**, Süderstr. 5, Keitum, Tel. 046 51/938 30, Fax 046 51/938 31 83, www.benen-diken-hof.de. Anheimelndes Luxushotel in historischem reetgedeckten Anwesen mit blumengeschmücktem Innenhof. In drei miteinander verbundenen Häusern sind 40 elegant eingerichtete Zimmer und Suiten untergebracht. Ergänzend gibt es einen Wellnessbereich mit Pool, Moor Spa etc.

******Groot's Hotel**, Gaat 5, Keitum, Tel. 04651/93390, Fax 04651/32953, www.groots-hotel.de. Helle, freundliche Zimmer in ansehnlichem reetgedecktem Haus, teils mit kleiner privater Gartenterrasse.

Seiler Hof, Gurtstig 7, Keitum, Tel. 04651/93340, Fax 04651/933444, www.seilerhofsylt.de. Kleines Hotel in 250 Jahre altem Kapitänshaus im Zentrum. Elf kleine, liebevoll eingerichtete Zimmer, teils zum großen gepflegten Garten hin.

Restaurants

Fisch-Fiete, Weidemannweg 3, Keitum, Tel. 04651/32150. Gemütliches Friesenhaus im Zentrum. In der mit Delfter Fliesen ausgekleideten Gaststube oder sommers im Garten gibt es hausgebeizten Lachs, grünen Aal oder Langustinen in Knoblauch, dazu eine reiche Auswahl an Weißweinen (tgl. 12–14.30 und 18–22 Uhr, im Winter meist Do–Di 18–22 Uhr).

TOP TIPP **Karsten Wulff – Die gute Fischküche**, Museumsweg 4, Keitum, Tel. 04651/30300. Guide Michelin und Gault Millau rühmen Wulffs Kochkunst in den höchsten Tönen, und tatsächlich schmecken die Limandes Müllerin, gegrillte Knurrhahnfilets mit Kresseschaum, Keitumer Lammleber oder Hafermastende höchst delikat (Di–So ab 12 Uhr).

Landschaftliches Haus, Gurtstig 54, Keitum, Tel. 04651/31840. Lokal in einem schmucken reetgedeckten Friesenhaus aus dem 18. Jh. Auf der Speisekarte stehen Fisch- und Wildspezialitäten (Mai –Nov. tgl. 12–14 und 18–22 Uhr). Ein Süppchen oder einen Imbiss bietet das dazugehörige *Bistro Klein Desche's*.

Nielsen's Kaffeegarten, Am Kliff 5, Keitum, Tel. 04651/31685, www.nielsen-kaffeegarten-sylt.de. Ideal für einen Morgen mit Frühstücksbuffet, den Nachmittagskaffee oder einen Imbiss zwischendurch. Das hohe zweistöckige Haus unmittelbar an der oberen Kliffkante lockt mit großer Terrasse und erstklassiger Aussicht über das Watt. Ebenfalls spitze sind die exquisiten Kuchen und Torten aus eigener Herstellung.

Alles frisch: Karsten Wulff zaubert aus exquisiten Zutaten himmlische Gerichte

Salon 1900, Süderstr. 40, Keitum, 04651/936000. Süßes und Deftiges, Asiatisches und Friesisches sind im Angebot. Auch zu vorgerückter Stunde kann man hier noch köstlich speisen.

10 Munkmarsch

Attraktionen sind das Weiße Kliff und das jährliche Fischfestival im Hafen.

Seinen Namen erhielt Munkmarsch, die ›Marsch der Mönche‹, wohl nach den ersten Besitzern dieses Küstenstreifens, den Ordensleuten des St. Knuts Klosters von Odense in Dänemark, die ihren Besitz vermutlich jedoch niemals betreten haben. Munkmarsch ist erstmals im 16. Jh. auf Landkarten verzeichnet, Keitumer Bauern hatten damals hier einen Weiler gegründet. Der dazugehörige **Fischerhafen** gewann ab 1755 an Bedeutung, da hier die vom Festland kommenden Postboote anlegten. Zwar übernahm der Keitumer Hafen ab 1820 die führende Rolle, doch nachdem dieser Ende der 1860er-Jahre wegen Verschlickung endgültig

geschlossen werden musste, wurde Munkmarsch verkehrstechnisch wieder wichtig. Hier kamen auch die Badegäste, die im 19. Jh. Sylt als Urlaubsziel entdeckten, an – per Fähre vom heute dänischen Festland. Kapitän Andreas Andersen ließ 1859 die 100 m lange *Legatsbrücke* bauen, eine Mole, an der Passagiere bequem von Bord gehen konnten. Viele erholten sich vor der Weiterfahrt per Pferdedroschke nach Westerland zunächst im Gasthof am Hafen, dem heutigen Fährhaus. Bedeutend komfortabler gestaltete sich das letzte Stück der Reise ab 1888, als die *Sylter Dampfspurbahn* zwischen Munkmarsch und Westerland ihren Betrieb aufnahm.

Große Konkurrenz erwuchs dem tidenabhängigen Hafen von Munkmarsch als ›Tor nach Sylt‹ freilich durch Hörnum [Nr. 15] im Süden der Insel, das ab 1901 ebenfalls durch die Inselbahn mit Westerland verbunden war. Kurzzeitigen Aufschwung für Munkmarsch brachte der Erste Weltkrieg, als hier Truppen verschifft wurden. Mit der Einweihung des Hindenburgdamms im Jahr 1927, dem neuen Hauptverkehrsweg nach Sylt, verlor der Hafen jedoch vollends an Bedeutung. Erst in den 1970er Jahren erwachte der Ort aus seinem Dornröschenschlaf, und wurde 2002 sogar zum *Seebad* erhoben. Heute leben die rund 150 Einwohner meist vom *Tourismus*.

Im Hafen liegen die Boote des Keitumer Segelvereins und wer das *Surfen* lernen will, weiß die ruhige Munkmarscher Bucht zu schätzen. Naturfreunde erkunden gern das aus jahrmillionenaltem Kaolinsand bestehende *Weiße Kliff* [s. S. 41], das sich von hier bis Braderup erstreckt. Für Hobby-Geologen lohnt auch der Abstecher zu einer der aufgelassenen Kiesgruben in der Umgebung. Hier findet man mit etwas Glück sehr schöne *Fossilien*, 2–3 Mio. Jahre alte versteinerte Schnecken, Muscheln, Krebse, Schwämme und Korallen.

Die einzige architektonische Sehenswürdigkeit des Ortes ist das **Fährhaus** am Hafen. Kapitän Thomas Selmer hatte es 1869 als Raststätte für die per Fähre angereisten Feriengäste erbauen lassen. Der weiße, luftig wirkende Bau im Stil der Bäderarchitektur beherbergt heute ein *Nobelrestaurant* mit angeschlossenem

Luxushotel (s. u.). Wunderschön ist es, an strahlenden Sommertagen nachmittags auf der überdachten Veranda zu sitzen und einen Kaffee zu genießen, mit Blick auf den kleinen Mastenwald der ankernden Segelboote und Segelschiffe im Hafen.

Praktische Hinweise

Wassersport

Syltsurfer, Heefwai 4 (hinter dem Hafen), Munkmarsch, Tel. 046 51/ 93 50 77. Segel- und Surfunterricht an der Wattenmeerseite der Insel, besonders für Anfänger geeignet.

Restaurants

TOP TIPP **Hotel und Restaurant Fährhaus**, Heefwai 1, Munkmarsch, Tel. 046 51/939 70, www.faehrhaus-sylt.de. Seit Küchenchef Alessandro Pape hier Regie führt, hebt das Lob vieler Gourmetkritiker das Restaurant in immer höhere Sphären. Zu Papes ›überirdischen‹ Kreationen, die mit einem Michelinstern ausgezeichnet wurden, zählen zum Beispiel kross gebratener Wolfsbarsch mit Portwein-Feigen an gebackener Kalbskopfpraline, Charlotte von der Etouffé Taube und Jakobsmuschel auf Kumquatsconfit oder Waldpilzstrudel auf geschältem Weizen. Im modernen Hotel ergänzen 33 Gästezimmer und sechs Suiten das höchsten Ansprüchen genügende Luxusangebot.

Verträumte Idylle: Die malerische Bucht von Munkmarsch lädt zum Spaziergang ein
Unten: Feinschmeckertreff in liebevoll restaurierter Bäderarchitektur: Fährhaus in Munkmarsch

Zur Mühle, Lochterbarig 24, Munkmarsch, Tel. 046 51/38 77. Unprätentiöses kleines Lokal unweit des Hafens, das vor allem von der Terrasse aus einen schönen Blick auf das Wattenmeer bietet. Es gibt Kaffee und Kuchen, aber auch ›Dauerbrenner‹ wie Deichlammkarree oder Birnen, Bohnen und Speck.

11 Archsum

Besinnlicher Luftkurort im Grünen.

1960 wurde die damals noch selbstständige Gemeinde Archsum *Luftkurort*. Kein Wunder, denn hier inmitten der grünen Wiesen und Weiden zwischen Bahnlinie und *Nössedeich* scheint die berühmte Sylter *Champagnerluft* besonders würzig zu sein. Radfahrer und Spaziergänger haben die Flure meist für sich allein, im Bereich des Nössekoogs im Süden sitzen *Angler* entlang der Wassergräben und einstiger Priele wie dem Tjüls-Wial und erfreuen sich ihres meditativen Hobbies.

Keine Spur bemerkt man in dem beschaulichen 400-Seelen-Dorf mehr davon, dass sich hier einst die wohl mächtigste Burg der Insel erhob. Aber das ist gut 2000 Jahre her und schon damals wurde die **Archsumburg** nicht in gleicher Weise genutzt wie andere Ringwallanlagen. Zu diesem Ergebnis kamen Archäologen, die 1972–78 Grabungen durchführten. Zwar bestätigten sie die Angaben des Chronisten Johann F. Camerer, der 1756 noch die ›größte Burg‹ und den ›höchsten Wall‹ beschrieb. Immerhin umschloss der im Kern aus Grassoden aufgeschichtete Wall mit 5–10 m Basisbreite eine kreisrunde Fläche von 64 m Durchmesser. Doch alle anderen Spuren deuten darauf hin, dass die Archsumburg in Wirklichkeit als rituelle Stätte und Opferplatz diente.

Andere Siedler hinterließen verlässlichere Zeichen. So findet sich z. B. südlich von Archsum, direkt neben dem Radweg am Nössedeich, das 4000–4500 Jahre alte Ganggrab **Merelmerskhoog**. Allerdings wirken die im Boden eingelassenen, sargförmig angeordneten Steinplatten mit den halb zur Seite geschobenen Dachfindlingen wenig spektakulär. Auf dem Weg dorthin erspäht man inmitten der brettflachen Ebene immer wieder Überreste von früheren **Wohnhügeln**, die aus der Zeit vor dem Bau des Nössedeichs 1936/37 stammen. Zuvor überschwemmte hier die Nordsee regelmäßig das tief liegende Marschland, und deshalb wurden die Anwesen auf diesen Plateaus errichtet. Durch den Deich aber wurde das Flachland als Bauplatz für größere und komfortablere Häuser attraktiv und man verließ die Wohnhügel.

i Praktische Hinweise

Information

Touristbüro, Dorfstraße, Archsum, Tel. 046 51/835 85 77, Fax 046 51/835 85 78, www.archsum.de

Hotel

Christian VIII., Heleeker 1, Archsum, Tel. 046 51/970 70, Fax 046 51/97 07 77, www.christianviii.de. Luxuriöses ›Dorf im Dorf‹ inmitten eines 7000 m² großen Gartens. In den drei reetgedeckten Häusern stehen 22 Suiten zur Verfügung, im Haupthaus locken Restaurant, Pool, Sauna und Solarium.

Restaurant

Alte Schule, Dorfstr. 6, Archsum, Tel. 046 51/89 15 08. Dorfwirtschaft ›alter Schule‹. Zu essen gibt es Hausmannskost wie Birnen, Bohnen, Speck oder gebratenen Fisch.

12 Morsum

Stilles Dorf und atemberaubendes Kliff.

Die östlichste Gemeinde Sylts, Morsum (1100 Einw.), liegt inmitten von Wiesen und Weiden. Der Ort mit seiner lockeren Bebauung besteht aus *Groß-Morsum* mit Bahnhof, Haus des Kurgastes und Kirche und dem östlich anschließenden *Klein-Morsum*, das für seine Reitställe bekannt ist. Hinzu kommen kleine Siedlungen wie Schellinghörn, Wall oder Osterende. Das allseits bekannte *Morsum-Kliff* erstreckt sich mitsamt dem angrenzenden Naturschutzgebiet am Ufer des Wattenmeers nordöstlich des Dorfes.

Geschichte Belegt ist ein Ort namens *Muasem* seit dem Jahr 1462, doch war die Gegend schon bedeutend früher besiedelt, wie zahlreiche Steinsetzungen und Hügelgräber belegen. Bis ins 18. Jh. hinein lebte man hier in erster Linie von der Landwirtschaft. Die meisten Häuser und Höfe des Dorfes lagen etwas erhöht auf

Friedvolle Fahrradtour mit sanftmütigen Weggenossen: Gemächlich grasende Schafe, auf Sylt auch ›Pulloverschweine‹ genannt, halten die Salzwiesen am Nössedeich kurz

dem Geestkern, doch die Felder im Süden wurden immer wieder überschwemmt. Das blieb so bis 1936/37 der *Nössedeich* errichtet wurde, der heute nicht nur Schutz vor der Nordsee bietet, sondern an seinen Flanken auch über schöne Rad- und Spazierwege verfügt.

Das lange Zeit so ruhige Leben in Morsum änderte sich 1927 grundlegend, als der Ort nach Fertigstellung des Hindenburgdamms einen *Bahnhof* an der Strecke nach Westerland erhielt. Nun kamen zahlreiche Ausflügler, vor allem um das berühmte und einmalig atemberaubende Morsum-Kliff zu sehen. Seit 1958 darf sich Morsum *Luftkurort* nennen. Wenige Jahre später beehrte sogar der Verleger *Axel Springer* die kleine Gemeinde und ließ im Osten, am Wäldchen, einen *9-Loch-Golfplatz* anlegen. Bis heute ist er ausschließlich Mitarbeitern, Gästen und Geschäftspartnern des Verlagshauses vorbehalten.

Trotz allen Fortschritts gelten die Morsumer als ausgesprochen traditionsbewusst, und tatsächlich haben sich hier noch zahlreiche alte **friesische Bräuche** erhalten. So ziehen z.B. beim *Maskenloop* in der Silvesternacht verkleidete, meist junge Leute, die *Omtaakelte*, in Gruppen zu Fuß oder zu Pferd von Haus zu Haus. Sie lassen für ihre Zuhörer das vergangene Jahr in Versform Revue passieren und wandern nach Erhalt einer kleinen Gabe weiter zur nächsten Türe. Auch die Tradition des Ringreitens erfreut sich in Morsum nach wie vor großer Beliebtheit.

Besichtigung Die *Ringreiterwettbewerbe* finden meist im Frühherbst statt, als Turnierplatz wird ein Teil des Freizeit- und Kurparks hinter dem 1989 errichteten **Muasem Hüs** abgesteckt. Praktischerweise findet die Siegerehrung dann auch gleich hier, im *Haus des Kurgastes* statt. Auf der Galerie im 1. Stock werden übrigens häufig Wechselausstellungen meist einheimischer Künstler gezeigt.

Ein schöner Spaziergang führt über die Hauptstraße *Terpstich* nach Süden zu der spätromanischen Kirche **St. Martin**, einer der ältesten der Insel. Während des Dreißigjährigen Kriegs diente sie als Wehrkirche. Vor der Westfassade steht ein schlichter hölzerner *Glockenturm*. Zur interessanten Innenausstattung des beeindruckend großen Gotteshauses gehört der erst vor wenigen Jahren wieder entdeckte geschnitzte *Flügelaltar* (um 1500), der im aufgeklappten Zustand Gottvater mit Christus zeigt. Sehenswert sind auch die barocke *Kanzel* aus Eichenholz von

Wertvolles Schnitzwerk: Die Eichenholzkanzel von St. Martin erzählt das Leben Jesu

1698, der kelchförmige romanische *Taufstein* aus dem 13. Jh. und die größtenteils neuzeitlichen *Glasmalereien*.

Auf dem **Friedhof** von St. Martin steht in der Nähe der rückwärtigen Mauer die Holzplastik ›*Zuneigung*‹ (1999) von Jan Leseberg. Unter einem Baum an der Südseite markiert ein einfacher Findling die letzte Ruhestätte des Juristen und Wehrmachtsoffiziers *Fabian von Schlabrendorff* (1907–1980), der im März 1943 am fehlgeschlagenen Attentat auf Adolf Hitler im Armeehauptquartier von Smolensk sowie am geplanten Staatsstreich des 20. Juli 1944 beteiligt war. Der Einmarsch der US-Amerikaner in Österreich bewahrte den dort inhaftierten von Schlabrendorff vor der Hinrichtung. In seinem 1946 erschienenen Buch ›Offiziere gegen Hitler‹ beschreibt der spätere Bundesverfassungsrichter die Kriegsjahre.

Vom großen unbefestigten Platz vor dem Friedhof führt der Feldweg *Haawerlön* schnurgerade hinaus in die Wiesen. Gleich am Anfang des Weges gibt es einen kleinen *Laden* (Juni–Aug. tgl. etwa 10–18 Uhr), in dem die Pächter des kirchlichen Obstgartens frische Früchte, selbst gemachte Marmelade und nach altem Hausrezept zubereitete Rote Grütze verkaufen.

Morsums größte und bekannteste Sehenswürdigkeit ist zweifellos das imposante **Morsum-Kliff**. Es verläuft ein gutes Stück jenseits der Bahngleise und des backsteinernen Bahnhofsgebäudes im Nordosten des Dorfes 1–2 km entlang der Wattenmeerküste. Bis zu 21 m hoch ragt die geologisch so interessante Abbruchkante auf, die sich zu einer Zeit formierte, als die ganze Gegend noch unter Wasser stand und hier aus dem Norden kommende Flüsse mündeten. Der sichtbare Teil besteht hauptsächlich aus weißem Kaolinsand, der vor 2–3 Mio. Jahren angeschwemmt wurde. Darunter bzw. durch ungewöhnliche Erdverwerfungen auch daneben befinden sich Schichten von 4–5 Mio. Jahre altem rötlich-braunen Limonitsandstein, der seinerseits auf den vor 5–7 Mio. Jahren ablagerten Glimmerton folgte. In dieser Schicht finden sich noch recht häufig Versteinerungen, Reste von damaligen Meeresbewohnern wie Schneckengehäuse oder Haifischzähne. Der Sockel des geologisch einmaligen Kliffs weist ein Alter von bis zu 10 Mio. Jahren auf. Die Abbruchkante selbst ist weniger steil als etwa die des Roten Kliffs, doch sollte man trotzdem der Versuchung widerstehen, hinauf- oder hinab zu klettern, um der Erosion vorzubeugen.

Am besten erschließt sich die raue Schönheit dieses Küstenabschnitts während einer Rundwanderung ab dem reetgedeckten **Ausflugsrestaurant Morsum-Kliff**. In unmittelbarer Nähe befindet sich auch der *Parkplatz Nösse*, an dem eine Infotafel über Geologie, Flora und Fauna der Region unterrichtet. Teils als sandiger Feldweg, teils als Bohlenweg führt die Route vom Restaurant zum östlichen Kliffabstieg. An der ersten Weggabelung erinnert ein *Gedenkstein* von 2003 an die Einrichtung des Naturschutzgebiets Morsum-Kliff vor 80 Jahren. Unten am **Strand** führt der Rundweg westwärts, bis das Kliff nach knapp 2 km allmählich niedriger wird. Dort trifft man vor der Mündung der Stichstraße *Nuurhörn* auf einen schmalen Fußpfad, der durch die Dünenlandschaft des Kliffs zurück zum Restaurant führt. Schön ist der Blick über das stellenweise mondlandschaftlich anmutende Kliff aufs Watt und bis zur dänischen Insel Rømø, im Osten erkennt man das Festland, im Westen kann man Kampen und sogar die Dünen von List erkennen. Die einzigartige erdgeschichtli-

Spießgesellen hoch zu Ross

Angetan mit fescher Galauniform prescht der Reiter auf den Galgen zu, die Lanze unterm Arm sicher angelegt. Er trifft sein Ziel, was die Zuschauer mit Applaus und Jubelrufen honorieren. Eine Begebenheit bei einem mittelalterlichen Turnier? Nein, eine Szene aus unseren Tagen, ein Durchgang TOP TIPP beim **Ringreiten,** das im Norden Deutschlands noch heute weit verbreitet ist und seinen Ursprung in den ritterlichen Wettkämpfen des 12. und 13. Jh. hat. Jedes Jahr zum Herbstanfang treten die Ringreitervereinigungen der jeweiligen Region gegeneinander an. Es gilt, aus dem Galopp mit einem lanzenähnlichen Rundholz einen Messingring aufzuspießen, der an einem Galgen über der Turnierbahn hängt. Keine leichte Aufgabe, zumal der Ring einen Innendurchmesser von nur 1–2 cm hat. ›König‹ oder ›Königin‹ wird, wer im Laufe des Turniers die meisten Ringe holt.

Auf Sylt gibt es acht **Reitervereinigungen**, vor allem die Ostdörfer, darunter der Keitumer Ringreiterverein von 1920, pflegen diese Tradition. Es ist schon ein prächtiger Anblick, wenn sich z. B. in Morsum auf dem Turnierplatz hinter dem Muasem Hüs an die 100 Reiterinnen und Reiter in schmucken dunklen Uniformen mit goldglänzenden Litzen und bunten Borten auf ihren nicht minder edel herausgeputzten Pferden tummeln. Das Treffen beginnt meist gegen 14 Uhr und kann je nach Zahl der Teilnehmer bis in den frühen Abend hinein dauern. Da benötigt man natürlich zwischendurch eine ordentliche Stärkung und so mancher Aktive greift nicht nur bei Fischbrötchen und anderen Imbissen kräftig zu, sondern genehmigt sich vor und während der Durchgänge den einen oder anderen ›Satteltrunk‹ – als Zielwasser versteht sich!

Schwierige Trophäenjagd: Das Turnierspiel der Ringreiter ist ein populäres Ereignis

Infos über die Termine der Ringreiterturniere geben alle Sylter Touristbüros.

che Formation wurde bereits 1923 zum **Naturschutzgebiet Morsum-Kliff** erklärt, angeregt übrigens durch Ferdinand Avenarius. Das 43 ha große Areal umfasst neben dem eigentlichen Kliff auch wesentliche Teile der zauberhaften *Heidelandschaft*, die sich oberhalb der Abbruchkante erstreckt. Bohlenwege durchzie-

Unscheinbar und doch bezaubernd: Viele Pflanzen wie die zartrosa Grasnelke **(links)** *oder das zierlich weiße Löffelkraut* **(rechts)** *entfalten erst im Detail ihre ganze Schönheit*

◁ *Das Naturschutzgebiet Morsum-Kliff lädt ein zu lehrreichen Erkundungstouren*

hen die dichte halbhohe Vegetation aus Erika, Krähenbeere und Ginstergewächsen. Man sieht seltene Pflanzenarten wie Geflecktes Knabenkraut, Sonnentau, Glockenheide, Ährenlilie und sogar blauen Lungenenzian. In die Steilufer bauen Uferschwalben ihre Nistgänge, das Strauchwerk beheimatet Wiesenpieper, Feldlerche, Steinschmätzer, Kreuzkröten und Bläuling. Besonders gut zur Vogelbeobachtung eignet sich die Nösse, die Landzunge im Osten des Kliffs.

Die Pflege des Naturschutzgebiets obliegt dem *Naturzentrum Braderup* [s. S. 40], das während der Saison geführte *Wanderungen* anbietet. Im Verlaufe dieser Erkundungsgänge kommt man auch an zwei großen bronzezeitlichen Hünengräbern vorbei, dem 23 m hohen *Munkhoog* und dem *Markmannhoog*. Sie gehören zu einem ausgedehnten Gräberfeld, das von der Steinzeit bis zur Wikingerzeit (9.–11. Jh.) genutzt wurde. Aufgrund von Sturmfluten, Grabplünderungen und als Folge des Straßenbaus sind heute jedoch nur noch Reste der Anlage erhalten.

i Praktische Hinweise

Information

Muasem Hüs, Bahnhofstr., Morsum, Tel. 046 51/89 07 32, Fax 046 51/89 07 49, www.morsum.de

Führungen

Naturzentrum Braderup, Tel. 046 51/444 21, www.naturschutz-sylt.de. Karten auch im Muasem Hüs. Mo, Mi, Fr 11 Uhr naturkundliche Wanderungen entlang des Weißen Kliffs und durch das Naturschutzgebiet Morsum-Kliff. Treffpunkt bei der Infotafel am Parkplatz Nösse.

Reiten

Reit- und Fahrschule Ulrike Lobach, Klein-Morsum, Tel. 046 51/89 02 39. Unterricht im Reiten und Kutschfahren. Reithalle, Springparcours und Gastpferdeboxen.

Camping

Camping am Mühlenhof, Melnstich 7, Morsum, Tel. 046 51/89 04 44, Fax 046 51/97 80 11, www.campingplatz-sylt.de. Grüner Platz inmitten von Wiesen südwestlich des Ortes gelegen und von gut eingewachsenen Steinwällen umgeben. Der Platz ist vergleichsweise einfach, aber dafür laden ringsum Wiesen und

Vitamin-C-Lieferant: Die Moosbeere zählt zu den Zwergsträuchern der Küstenheide

Riesenmut, Zwergenlist und Menschenschicksal

Sylt ist eine an Sagen ungeheuer reiche Insel. Da tummeln sich Zwerge und Riesen, Trolle, Klabautermänner und Irrwische. Bekannt ist vor allem der Meermann und Frauenheld **Ekke Nekkepenn**, der mit seiner ausnehmend hässlichen und eifersüchtigen Ehefrau **Ran** auf dem Meeresgrund lebt. Es heißt, wenn das Meer aufgewühlt ist und heftige Wellen wogen, streiten sich die Eheleute gerade mal wieder. Übrigens soll es auch die ungestüme Ran gewesen sein, die einmal beim Kochen versehentlich die Nordsee versalzen hat.

Jeder Sylter kennt natürlich **Nes Pück** (oder Nis Puck). Der kleine Kobold mit der großen Nase und den dünnen krummen Beinchen, angetan mit roten Strümpfen, einer grünen Joppe und einer Zipfelmütze, lebt gern mit den Menschen in deren Häusern. Wenn sie ihn gut behandeln und immer mal wieder über Nacht ein wenig Grütze oder Milch für ihn auf den Fußboden stellen, sorgt er im Gegenzug für das Wohlergehen der Familie. Schlimm wird es aber, wenn er sich missachtet fühlt, dann kann er einen Haushalt in kürzester Zeit ruinieren.

Historie spiegelt sich in den Sagen um die Kämpfe zwischen **Zwergen** und **Riesen**, in die oft auch die Menschen mit hineingezogen werden. Sie gehen auf Ereignisse aus der Frühzeit Sylts zurück, auf die Auseinandersetzungen zwischen den eher kleinen Insulanern und deutlich größeren Neusiedlern, die vom Festland her eingewandert waren. Schauplätze der alten Sagen sind häufig das Morsum-Kliff oder die Braderuper Heide, denn hier wie dort sollen einst besonders viele Zwerge unter der Erde gelebt haben. Eines Tages aber sei es nahe Kampen zum offenen Krieg zwischen diesen **Önereersken** unter ihrem **König Finn** und den vereinigten Riesen und Menschen, angeführt von **König Bröns**, gekommen. Zunächst war das Kriegsglück den ›Unterirdischen‹ hold, viele Riesen lagen erschlagen und die verbliebenen Menschen wandten sich zur Flucht Richtung Wenningstedt. Da kamen ihnen aber ihre Frauen entgegen, die Töpfe mit kochender Grütze trugen und sie über die Zwerge ausschütteten. Diese gerieten ob des unerwarteten Angriffs vollkommen aus der Fassung, sodass die Menschenmänner wieder Mut fassten und schließlich doch noch den Sieg davontrugen. Zur Erinnerung daran zierte lange Zeit der Grütztopf das Sylter Wappen. Allerdings kostete die verzweifelte Gegenwehr der Zwerge auch vielen ihrer Feinde das Leben, was die zahlreichen über die ganze Insel verstreuten Grabhügel belegen, in denen der Sage nach die riesenhaften Recken bestattet wurden.

Dass man sich diese alten Geschichten heute noch erzählt, ist hauptsächlich dem Lehrer, Küster und Heimatforscher **Christian Peter Hansen** (1803–1879) zu verdanken. Der gebürtige Westerländer interessierte sich ausnehmend für friesische Tradition, vornehmlich die seiner Heimatinsel Sylt, und indem er mündliche Überlieferungen schriftlich festhielt, bewahrte er sie für die Nachwelt. Hansen veröffentlichte unzählige Aufsätze und 15 Bücher, darunter die Sammlungen ›Friesische Sagen und Erzählungen‹ (1858) sowie ›Sagen und Erzählungen der Sylter Friesen‹ (1875). Auch seine geschichtlichen Abhandlungen, nicht immer wissenschaftlichen Sachverhalten folgend, erfreuten sich großer Beliebtheit. Von der ›Chronik der friesischen Uthlande‹ (1856) etwa erschien 1877 eine 2. Auflage und noch heute zitiert man gern aus Hansens ›Der Badeort Westerland auf Sylt und seine Bewohner‹ (1870).

Marschen zu ausgedehnten Spaziergängen und Radtouren ein (Juli–15. Aug. Mindestmietzeit für Stellplätze 7 Tage).

Hotel

Appartements Maron, Feskerdamm 7, Morsum, Tel. 046 51/89 03 24, Fax 046 51/89 11 85, www.appartements-maron.de. Vermietet werden die gut eingerichteten Häuser Windrose und Wattenblick in Morsum.

Restaurants

Fränkische Weinstuben, Beim Wäldchen, Morsum, Tel. 046 51/89 04 40. Ob mittags, zum Kaffee oder abends, das reetgedeckte Haus beim Axel-Springer-Golfplatz ist stets ein lohnen-

Hier werden Reiterträume wahr: Hoch zu Ross am Strand entlang in die Abendsonne

des Ziel. Hier kann man originelle Speisen wie Nordseeschollenfilets Fränkische Art auf Traubenweinkraut oder Rosanas Fischsuppe mit Ciabatta genießen. Ausgesprochen beliebt sind auch die Wildspezialitäten von Hirschkeule bis Fasan (Di geschl.).

Morsum-Kliff, Nösistig 13, Morsum. Tel. 046 51/83 63 20, www.morsum-kliff.de. Friesischer Schick kennzeichnet das beliebte Restaurant in wunderschöner Alleinlage auf dem Kliff mit Gartenterrasse, von der aus man weit über das Wattenmeer blickt. Geboten werden erlesene Speisen von frischen Austern bis zu gegrilltem Zander. Im Obergeschoss stehen einige ebenfalls erstklassige Gästezimmer zur Verfügung.

Nes Pük, Nuurhörn 7, Morsum, Tel. 046 51/89 06 54. Ruhig an einer Stichstraße zu Watt und Kliff gelegenes Lokal. Die windgeschützte Terrasse ist ideal für den nachmittäglichen Kaffee und Kuchen, an warmer Küche ist Bewährtes wie Fischsuppe oder Schnitzel zu haben und jeden Freitag stehen frische Muscheln ›Rheinische Art‹ auf der Speisekarte (Mi geschl.).

Drei Hasen, Terpstig 78, Morsum, Tel. 046 51/889 18 51. Moderner Landgasthof mit einem Hauch südlichen Flairs, zentral an der Hauptstraße gelegen. Am Wochenende kann man schön auf der Gartenterrasse frühstücken – auch wenn man den Sonnenaufgang schon verpasst hat.

Lady Dolphin

Sylts Süden – Spuren im Sand

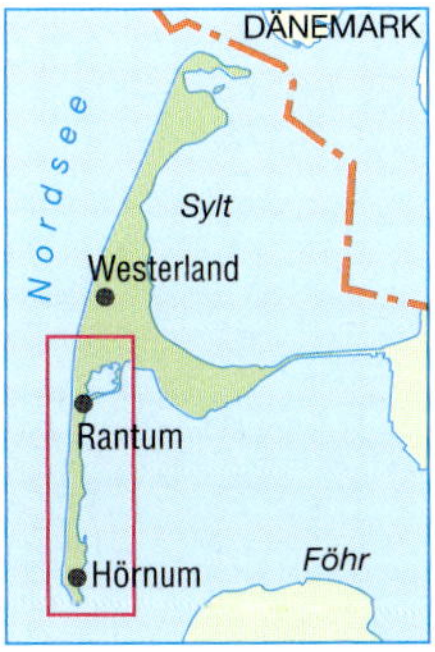

Lang und schmal streckt sich der ›Finger‹ Sylts von Westerland aus nach Süden. Für die Erkundung der knapp 20 km messenden Landzunge zwischen den Dörfern Rantum und Hörnum stehen mehrere **Routen** zur Auswahl: Parallel zur Straße verläuft auf der Trasse der 1970 stillgelegten Schmalspurbahn ein gut ausgebauter *Fahrradweg* durch die Dünenlandschaft. Nur für Wanderer geeignet ist die Strecke entlang der grünen, flach auslaufenden *Wattenmeerküste* im Osten. Kaum jemand aber kann der Versuchung des *Weststrands* widerstehen, der nicht nur zum Baden sondern auch zu kilometerlangen Spaziergängen am Meer einlädt. Im Gebiet zwischen Rantum und Hörnum prägen Sandheide und Dünen das Bild. Kein Geestkern gibt diesem sandigen Teil der Insel Halt, und so fordert hier das Meer besonders häufig Tribut. Immer wieder reißt der **Blanke Hans**, wie die stürmische Nordsee nach einem Gedicht von Detlev von Liliencron oft genannt wird, ganze Stücke mit sich. Vor allem die **Hörnumer Odde**, die als Vogelschutzgebiet unter Naturschutz stehende Landspitze im Süden der Insel, ist gefährdet. Zuletzt brach 1988 nach einer Sturmflut ein Teil der Küste mitsamt Dünen ins Meer ab. Der südliche Inselausläufer ist ohnehin geradezu Besorgnis erregend schlank. Schon die etwa 600 m Breite beim Rantumbecken und um Hörnum sind nicht wirklich viel, und an seiner schmalsten Stelle nahe Rantum misst er sogar nur knapp 300 m. Und ausgerechnet hier ist der Nordseestrand besonders schön, fein, weiß und makellos, die Strandabschnitte tragen klingende Namen wie **Samoa** und **Sansibar**. Kein Wunder, dass die Urlauber meist am Weststrand bleiben und die stille Schönheit des Wattenmeers im Osten ignorieren.

Beim etwas weiter nördlich gelegenen **Rantum** dagegen wechselt man durchaus des öfteren die Seiten, auch hier sind es nur wenige Hundert Meter von einem Ufer zum anderen. Dazwischen liegt das nette ruhige Dorf mit seinen reetgedeckten Häusern. Schon Anfang des 20. Jh. war Rantum außerordentlich attraktiv, damals allerdings mehr aus militärischen Gründen. Im Rahmen der Pläne für See- und Luftkontrolle rund um die Nordsee entstand in den 1930er-Jahren ein gewaltiger Deich um das **Rantumbecken**, das als Start- und Landeplatz für Wasserflugzeuge konzipiert war. Heute besitzt Sylt mit dem Becken eines der artenreichsten *Brut-* und *Zugvogelreviere* der gesamten Nordseeküste. Ergänzt wird dieses schöne Naturerlebnis durch einen Besuch des ruhigen Viertels *Rantum Hafen*, wo Bistro und Galerie der *Sylt-Quelle* zu Imbiss und Kunstgenuss einladen.

Ganz anders ist die Atmosphäre im ebenfalls kleinen aber regen Hafen von **Hörnum**, dem südlichsten Ort von Sylt. Vom Fähranleger starten *Ausflugsdampfer* zu den Nachbarinseln Amrum und Föhr, den vorgelagerten Seehundbänken, den Halligen und nach Helgoland. Rings um das Hafenbecken finden außerdem regelmäßig Wochen- und Trödelmärkte statt. Schön und friedlich hingegen ist der Rundgang um die *Hörnumer Odde*, die unter Naturschutz stehende Südspitze Sylts. Vor allem Vogelfreunde geraten ins Schwärmen angesichts der zahlreichen Rotschenkel, Lachmöwen und vieler anderer Vogelarten, die sich hier zu jeder Jahreszeit ein Stelldichein geben.

◁ *Überschaubar und lebendig – im Hafen von Hörnum tummeln sich Fischerboote, Ausflugsschiffe und Segeljachten*

13 Rantumbecken

TOP TIPP *Geplant als Hafen für Wasserflugzeuge und heute ein Vogelparadies.*

Sylt gefiel den deutschen Militärplanern ausnehmend gut, als sie Anfang der 1930er-Jahre nach geeigneten Stützpunkten suchten, von denen aus sie im Falle eines Krieges die gesamte Nordseeküste unter ihre Herrschaft zwingen konnten. Zügig wurden auf der Insel Fliegerhorste und Flughäfen ausgebaut, einem sicheren Starten und Landen von Wasserflugzeugen jedoch standen die starken Strömungen vor der Küste entgegen. Um hier Abhilfe zu schaffen, wurde 1936/37 ein 570 ha großes Areal der *Steidumbucht* nordöstlich von Rantum eingedeicht. Doch schon kurz nach Fertigstellung des Rantumbeckens waren die militärischen Planungen überholt, die europäische Nordseeküste befand sich bereits in deutscher Hand und die Wasserfläche wurde nicht mehr gebraucht. Nach dem Krieg wollte man das Becken zunächst trocken legen, um Land zu gewinnen, doch der Boden wäre für eine landwirtschaftliche Nutzung ohnehin zu salzig gewesen. Mittlerweile hatten zahlreiche Wasservögel das Becken und seine schilfbewachsenen Ufer in Beschlag genommen, brüteten hier Säbelschnäbler und Seeregenpfeifer, suchten Kiebitze im seichten Brackwasser nach Nahrung, machten hier Zugvögel wie Knutts und Eiderenten Zwischenstation. 1962 wurde folgerichtig ein Seevogelschutzgebiet eingerichtet, 1968 folgte die Ernennung zum **Europaschutzreservat**. Zu den vorhandenen Biotopen Heide, Schilfgürtel, Flach- und Tiefwasser kamen 1972 noch im Osten mehrere künstlich aufgeschüttete *Inseln*, auf denen vor allem Seeschwalben und Säbelschnäbler brüten. 1979 übernahm das Land Schleswig-Holstein die Pflege des Schutzgebiets, das inzwischen Gefahr lief, zu versumpfen. Heute stellen ein Sielabfluss und eine Schleuse den regelmäßigen Wasseraustausch mit dem Wattenmeer sicher, dadurch bleibt der für die Biotope notwendige Salzwassergehalt im Rantumbecken erhalten. Insgesamt zählen Ornithologen hier 260 verschiedene Vogelarten, von denen 60 im Naturschutzgebiet brüten.

Fachkundige **Führungen** entlang des Rantumbeckens bietet der *Verein Jordsand*, der an der Eidum Vogelkoje [s. S. 28] ein **Informations- und Naturkundezentrum** unterhält (Tel. 046 51/58 12, naturkundliche Führung März–Okt. Di, Fr–So 10–11.30 Uhr, vogelkundliche Wanderung März–Okt. Do 10–13 Uhr, jeweils ab Eidum Vogelkoje; vogelkundliche Führung März –Okt. Mi 10–12, ab Deichbeginn Rantum Hafen). Wer die ornithologischen und landschaftlichen Schönheiten des Rantumbeckens auf eigene Faust erkunden will, tut dies mit dem Rad oder per pedes entlang der Deichkrone. 9 km lang ist der befestigte Weg, der vom westlichen End-

Kunstvolles Wortspiel: Richard Kelly Tipping schuf die Skulptur ›flood‹ für die Sylt-Quelle

Europaschutzreservat Rantumbecken: Deichvorland mit Strandflieder

punkt des Nössedeichs um das gesamte Rantumbecken bis Rantum Hafen führt.

Einziges Manko dieses herrlichen Ausflugs ist es, dass entlang des Weges keine Einkehrmöglichkeiten vorhanden sind. Umso erfreulicher ist das Bistro der **Sylt-Quelle** am Südufer des Rantumbeckens, ein auffälliger Aluminium-Glas-Rundbau neben der Förder- und Abfüllanlage der gleichnamigen *Mineralwasserfirma* (Betriebsführung für Gruppen, Tel. 046 51/920 33). Im Erdgeschoss befindet sich ein Lokal, in der lichtdurchfluteten 1. Etage werden im *Kunst:Raum* (www.kunstraum-syltquelle.de), interessante Wechselausstellungen internationaler Gegenwartskunst gezeigt. Einige Exponate gehören aber auch zum Anwesen, etwa der halb im Erdreich versunkene Schriftzug *›flood‹* (2003) des Australiers Richard Kelly Tipping oder der mehrfach gedrehte und aufsplitternde *›Krisenstab‹* (2002) von Werner Mally vor dem Haupteingang. Das Kulturengagement des Hauses umfasst ferner das seit 2001 vergebene *Sylt-Quelle Literaturstipendium Inselschreiber* und das neue *Sylt-Quelle Kunststipendium*, in deren Rahmen junge Talente mehrere Wochen auf der Insel wohnen und arbeiten können. Ein weiteres Highlight ist das Meerkabarett (www.meerkabarett.de), das in der Sylt-Quelle im Sommer ihr buntes Programm darbietet. Apropos Kunst: Auch die *Verkehrszeichen* der unmittelbaren Umgebung lohnen eine genaue Betrachtung.

Die Sylt-Quelle liegt im netten kleinen Gewerbegebiet von **Rantum Hafen**, das mit dem Trödelmarkt *Alt Angler* (Hafenstr. 3, Tel. 046 51/234 49) lockt, in dessen Hof und Halle sich ein buntes Sammelsurium von altem Porzellan bis zu neuem Schmuck präsentiert. Schräg gegenüber lädt *Sylt-Strandkörbe* (Hafenstr. 10, Tel. 046 51/228 43) zum Besuch ein. Hier findet man kuschelige Zweisitzer in klassischem Design ebenso wie Luxusausführungen mit integriertem Champagnerkühler samt Gläsern. Firmenchef Willy Trautmann zählt u. a. Stardesigner Karl Lagerfeld und Ex-Bundespräsident Richard von Weizsäcker zu seinen Kunden.

i Praktische Hinweise

Wassersport

Sunset Beach, Schulungsrevier Rantum Hafen, Zentrale: Brandenburger Str. 15, Westerland, Tel. 046 51/271 72. Im Hafenbecken und auf dem ruhigen Wattenmeer erwerben Surf-, Wellenreiten- und Boogie-Board-Anfänger erstes Stehvermögen auf ihren Brettern. Auch Segeln eines Hobie Cat steht auf dem Stundenplan.

Heilsames Wasser und köstliche Küche bietet die Sylt-Quelle in Rantum Hafen

Camping

Camping Rantum-Nord, Hörnumer Str. 3, Zufahrt zwischen Eidumer Vogelkoje und Rantum Hafen, Tel. 046 51/807 55. Der große, gut ausgestattete Gemeindeplatz grenzt im Osten unmittelbar an das Naturschutzgebiet Rantumbecken und über die allerdings viel befahrene Hauptstraße ist es nicht weit zu den Dünen und dem Übergang zum Weststrand.

Restaurant

TOP TIPP **Sylt-Quelle**, Rantum Hafen, Tel. 046 51/20 15 57. Das Bistro der Mineralwasserfirma bietet in schönem architektonischem Rahmen sehr gute warme Küche mit kulinarischen Inselklassikern wie Pannfisch oder auch einfach Kaffee und leckeren Kuchen. Dazu kommen die ambitionierten Kunstausstellungen im 1. Stock des architektonisch auffälligen Rundbaus. Im Gastraum ist auch günstige Mineralwasserverkostung am Sprudelbrunnen direkt von der Quelle möglich (tgl. 10–21 Uhr, im Winter Sa geschl.).

14 Rantum

Plan Seite 99

Liebenswertes Kurstädtchen in idealer Sandwichlage ›zwischen den Meeren‹.

Der Name Rantum kommt von *Randheim*, Heim am Rand, in diesem Fall am Meeresufer. Eine weitaus blumigere Herleitung stammt aus dem Reich der Legenden. Danach hätten die heidnischen Ortsgründer ihre neue Siedlung der Meerfrau Ran geweiht, der hässlichen Gemahlin des Meermannes Ekke Nekkepenn. Damit wollten sie sich ihres Wohlwollens versichern, doch das Gegenteil war der Fall: Immer wieder versuchte Ran mit Unwettern und Sturmfluten ihr vermeintliches Eigentum zu sich zu holen.

Geschichte Tatsächlich hatte Rantum jahrhundertelang unter den Unbilden der Natur schwer zu leiden, sodass das einst reichste Dorf der Insel Anfang des 19. Jh. beinahe ausgelöscht war. Erstmals urkundlich erwähnt wird Rantum im 15. Jh., gegründet wurde es vermutlich einige Hundert Jahre früher und zwar an der

Westküste. Die lag damals noch 3–4 km weiter westlich und war von fruchtbarem Marschland gesäumt. Ein vorgelagertes Riff schützte es vor der anbrandenden Nordsee. Doch die Urgewalt des Wassers zerstörte das Riff, und fortan wurden **Landabbrüche** zur steten Bedrohung. So nahm etwa die Allerheiligenflut 1436 die Rantumer Kirche mit ins Meer, 1652 wurde der Nachfolgebau ein Raub der Wellen. Eine weitere Gefahr stellten die **Wanderdünen** dar, die es hier wohl seit dem 15. Jh. gab. Der stete Seewind häufte die Sandberge vom Strand her an und trieb sie unaufhaltsam gen Osten vor sich her. Bald hatten die Dünen die ersten Häuser erreicht, jeder Widerstand war zwecklos. Die Bewohner waren gezwungen, ihr Dorf an einen neuen Standort zu verlegen.

Das geschah im Laufe der Jahrhunderte mindestens dreimal. Zwar gingen die Wanderdünen über die verlassenen Häuser hinweg und gaben ihren Raub etwa 100 Jahre später am westlichen Ende wie-

Links: *Beschauliches Dorf in den Dünen: Rantum ist heute ein beliebtes Urlaubsziel*
Unten: *Die Kräfte der Natur hinterlassen ihre Spuren: Sandbank vor Rantum*

Von Finderlohn und Nachhilfe

Auf ganz Sylt, besonders aber in armen Dörfern wie Rantum, spielte der sog. **Strandraub** eine große Rolle. Die Küstenbewohner erachteten es nämlich als ihr Gewohnheitsrecht, dass sie an den Strand gespültes Gut bergen und weiterverwerten durften. Solange es sich um einfaches Treibgut handelte, kümmerte sich die Obrigkeit nicht darum. Doch häufig wurden nach einem Schiffsunglück wertvolle Ladung oder Holzteile wie Masten und Verschalungen angeschwemmt, die kostbares Baumaterial darstellten. Und deshalb sollte die Bergung und Aufteilung von Strandgut gesetzlich geregelt werden. Das aus dem 13. Jh. stammende nordfriesische **Strandrecht** besagte: »Was niemand nachweislich gehört, gehört dem König«. Da vor Sylt jedoch ungewöhnlich viele Schiffe auf Grund liefen, beanspruchte die dänische Krone nur zwei Drittel der Funde. Die Einhaltung des Gesetzes sollte der **Strandvogt** überwachen, seit 1444 hatte jeder Ort an der Küste seinen Strand- oder Ufervogt. Für seine Dienste erhielt er die Hälfte des verbliebenen Drittels, der Rest ging an die Bergungsmannschaft. Da der Strandvogt in der Regel ein Einheimischer war, zeigte er jedoch oft wenig Lust, seine Nachbarn oder Verwandten bei Nichtachtung des Strandrechts bestrafen zu lassen. Versah er seinen Dienst hingegen korrekt, machte er sich nicht nur unbeliebt, wie das Beispiel des Rantumer Strandvogtes Nis Bohn zeigt, der 1694 aus Rache auf seiner eigenen Hochzeit erstochen wurde. Und so schlich sich allenthalben **Korruption** ein, was den Syltern den Ruf eintrug, sie seien Strandräuber und Piraten. Tatsächlich gingen manche dazu über, durch falsche Seezeichen und Leuchtfeuer Schiffe gezielt in den Untergang zu führen. Den Schiffbrüchigen wurde oft der Garaus gemacht – und das Treibgut als Beute genommen.

Um diesen Missständen Einhalt zu gebieten, ernannte der dänische König 1713 einen **Strandinspektor** zur Aufsicht der Sylter Strandvögte. Die Wahl fiel auf den gebürtigen Rantumer **Lorenz Petersen de Hahn** (1668–1747), ein erfolgreicher Walfänger und hoch angesehener Kapitän, zugleich der reichste Mann der Insel. Tatkräftig und unbestechlich war er obendrein, sodass er innerhalb weniger Jahre dem Strandrecht Achtung verschaffte. Fortan blieben die Inselbewohner gesetzestreu und wären es wohl noch heute, doch die bis in die Neuzeit gültige **Strandungsordnung** wurde 1990 aufgehoben. Wer heute etwas Wertvolles am Strand findet, muss es gemäß dem **Fundrecht** des BGB bei der Gemeinde abgeben und erhält, wenn sich nach sechs Monaten kein Besitzer gemeldet hat, 5 % des Versteigerungswertes – nicht gerade üppig.

der frei, doch folgte ihnen das Meer gewissermaßen auf dem Fuß und die Gebäude wurden endgültig zerstört. Diesen sich unerbittlich wiederholenden Vorgang nannte man *›über den Strand gehen‹*. Die dritte Rantumer Kirche z.B. schien 1725 für den Sand noch unerreichbar und musste ihm doch schon im Jahr 1757 weichen. Kein Wunder, dass das einst blühende Dorf immer mehr verarmte. Als 1801 auch das vierte Gotteshaus aufgegeben werden musste, versteigerten die etwa 50 verbliebenen Dorfbewohner Inventar und Ziegel, um wenigstens etwas Geld für einen bescheidenen Neubau zu erlösen.

Das Jahr 1818 markierte einen gewissen Neuanfang, denn damals gab der Rantumer Strandvogt Peter Taken die Westküste als Siedlungsgebiet endgültig auf und versetzte sein Haus *Raantem-Ingi* auf eine Warft am Wattenmeer. Weitere Umsiedler folgten, und so entstand *Rantum Inge*, der älteste Stadtteil des ›neuen‹ Rantum. Takens Haus existiert noch, es liegt heute ganz nah am Deich, der die Inge seit 1988 vor Überflutungen schützt.

Doch Rantums Niedergang nahm kein Ende, 1890 bestand es nur noch aus sechs Häusern mit 29 Einwohnern. Diese waren so arm, dass sie sogar von der Steuerpflicht befreit waren. Zugleich wurde der Zuzug in dieses ›**Armennest**‹ untersagt, um Steuerflüchtlinge abzuhalten. Doch das Dorf überlebte. 1903 nahmen die fünf noch hier ansässigen Familien das zu ihrem Gemeindegebiet gehörige *Puan Klent*, ein 6 km südlich gelegenes Dünental, in Besitz und teilten es 1906 unter sich auf. Wirtschaftlich ging es nun bergauf, die Rantumer verpachteten Weideland und verkauften Dünenhalme zur Seilgewinnung. In den schlechten Zeiten nach dem Ersten Weltkrieg aber sahen sich alle außer der Familie Nissen gezwungen ihren Besitz zu verkaufen.

Das Engagement des Militärs vor dem Zweiten Weltkrieg brachte wieder Leben nach Rantum, 1936 entstanden in den Dünen *Kasernen* für den geplanten Seefliegerhorst Rantumbecken. Hier wurden nach dem Krieg etwa 3000 Flüchtlinge einquartiert. Viele von ihnen blieben, wodurch sich die Einwohnerzahl verzwanzigfachte. Auch für die Entwicklung des **Fremdenverkehrs** spielten die einstigen Militärbaracken eine wichtige Rolle, denn hier wurden *Erholungs-* und *Landschulheime* für Kinder eingerichtet. Außerdem ließen in den 1960er-Jahren Firmen wie Deutsche Bahn oder BASF auf einstigem Militärgelände im Norden *Ferienwohnblöcke* für Betriebsangehörige errichten, die bis heute bestehen.

Bald lockte Rantum als beschauliches Dorf in den Dünen immer mehr Urlauber an, 1973 stieg es zum Nordseebad auf, 1977 entstand in Rantum Hafen sogar ein kleiner *Jachthafen*. Heute hat der Ort rund 500 Einwohner und wird jährlich von etwa 45 000 Urlaubern besucht. Und wer Surfen lernen möchte, findet dafür am Wattenmeer gute Bedingungen. Sonnenanbeter und FKK-Fans kommen an der Westküste zwischen den Stränden Samoa und Sansibar auf ihre Kosten.

Besichtigung Die Bungalows und Einfamilienhäuschen von Rantum sowie die Wohnheime am Nordrand liegen auf knapp 2 km Länge beidseits der Durchgangsstraße nach Hörnum. Im Osten schützt ein Deich die Siedlung vor dem Wattenmeer, im Westen haben sich Gruppen von Häusern meist aus den 1960/70er-Jahren in den heckenrosenbestandenen Dünengürtel vorgeschoben, der sich entlang des gut 20 m breiten Weststrandes hinzieht.

Am besten beginnt man den Rundgang durch Rantum bei der evangelischen Kirche **St. Peter** 1 im Zentrum. Den Weg weist der etwa 8 m hohe hölzerne Glockenturm. Das reetgedeckte weiße Gotteshaus wurde im August 1964 eingeweiht. Der kleine, unregelmäßig geschnittene *Innenraum* mit weiß getünchten Wänden und geradlinigem Gestühl wirkt geradezu karg. Wäre da nicht der *Flügelaltar* mit seinen überwiegend mo-

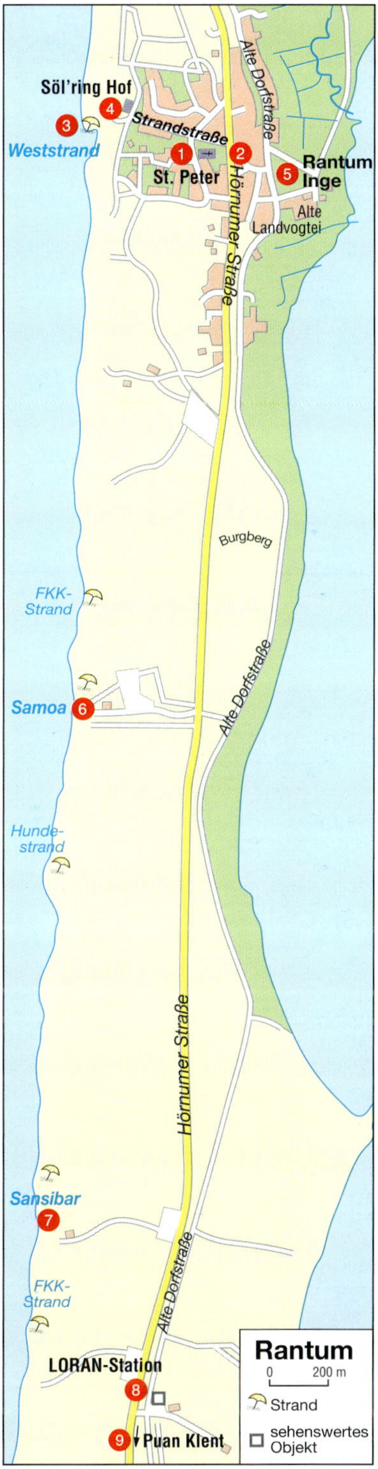

Kite Surfen: Der von Lenkdrachen beschleunigte ›Tanz auf den Wellen‹ ist der neueste Wassersporthit an Sylts Küste

dernen Gemälden (Emil Wachter, 1995–97). In geschlossenem Zustand zeigt er Bibelszenen, die alle am Wasser spielen, ›Jonas und der Wal‹, ›Moses auf dem Nil‹, ›Israels Zug durch das Rote Meer‹ und die ›Arche Noah‹. In geöffnetem Zustand sieht man rechts den ›Sturm auf dem See Genezareth‹ und links Petrus, der beim Versuch wie Christus auf dem Wasser zu wandeln, versinkt. Die Mitte nimmt eine Darstellung des ›Letzten Abendmahls‹ von 1757 ein, das bereits die Vorgängerkirchen schmückte.

Das Gemälde mit der *Kreuzabnahme* (etwa 17. Jh.) an der linken Seitenwand wird manchem bekannt vorkommen, denn in St. Severin von Keitum hängt eine Kopie. Neben der Kirche liegt ein Viertel mit meist klinkerverkleideten Bungalows aus den 1960er-Jahren inmitten großzügiger Gärten. An ihnen vorbei führt die **Strandstraße** 2 als gepflasterter Fußweg leicht hügelan, hier beginnen schon die Dünen. Bald hat man den höchsten Punkt des Weges erreicht, die einzige Stelle in ganz Rantum, von der aus man gleichzeitig Nordsee und Wattenmeer sehen kann. Als Bohlenweg mäandert die Strandstraße nun durch die Dünen und endet schließlich an einer Treppe zum **Weststrand** 3. Im Sommer kann man hier in die kühlen Meeresfluten tauchen, lange Strandspaziergänge unternehmen, sich der Gymnastikgruppe anschließen, nach dem Volleyball hechten oder einfach entspannen und die Sonne genießen.

Am Rand des Dünenkamms erhebt sich das lang gezogene Reetdach des **Söl'ring Hof** 4, eines der bekanntesten qualitätvollen Hotel-Restaurants der Insel. Ein gewisser Nervenkitzel ergibt sich aus der exponierten Lage des Gebäudes, denn die Geschichte Rantums lehrt, dass auf Sand und nah am Wasser gebauten Häusern oft ein jähes Ende beschert ist.

Zurück zur Hauptstraße führt nun der Weg, vorbei an den bereits erwähnten kastenförmigen einstigen **Firmenferien-**

wohnungen, die sich einer hervorragenden Lage unmittelbar an den Dünen erfreuen. Durch ein properes Wohngebiet gelangt man nach Osten, in das älteste Viertel **Rantum Inge** 5 am Watt. Einige hübsche Friesenhäuschen bilden hier ein malerisches Ensemble. ›Inge‹ bedeutet ›Wiese‹ und verweist auf die frühere Nutzung. Seit 1989 schützt ein etwa 3 m hoher Deich das Viertel vor auch hier drohenden Fluten, wie zuletzt 1981. Auf die Geschichte der Inge verweist die reetgedeckte **Alte Strandvogtei**. Hier errichtete Strandvogt Peter Taken 1819 seinen Amtssitz als erstes Gebäude der neuen Siedlung. Einige Zeit später erfolgte ein Neubau, heute ist hier ein hübsches Hotel ansässig.

Am Weststrand südlich von Rantum liegen bekannte FKK-Strände. 20–40 m breit, dahinter das bis zu 100 m breite hügelige Dünenband. Hier tummelten sich schon in den 1950/60er-Jahren Freunde der Freikörperkultur. Nach knapp 2 km über Straße oder zu Fuß am Meer entlang erreicht man den **Samoa** 6 genannten Strandabschnitt, an dem sich sonnenhungrige Wasserratten im Adamskostüm präsentieren. In den Dünen versteckt liegt *Achim's Strandsauna* (Tel. 045 61/95 79 42, Mitte März–Okt. tgl. 11–19, sonst Fr–So 13–17 Uhr), dessen Kunden können sich nach jedem Saunagang zum Abkühlen ins kühle Meer stürzen. Außerdem gibt es eine kleine Strandbar mit Erfrischungen und Snacks. Sie gehört zum bis weit in die Nacht hinein geöffneten Lokal *Seepferdchen Samoa*, das sich nur wenige Meter entfernt in die Dünen duckt. Hier trifft man sich – wieder bekleidet – in lockerer Atmosphäre zu Champagner und Krabben.

TOP TIPP

Ebenfalls sehr beliebt bei VIPs und anderen Feriengästen ist die weitere 2 km südlich in den Dünen gelegene **Sansibar** 7, die ›ihrem‹ Strand den Namen gab. Auch hier lädt ein FKK-Areal zu hüllenlosem Bräunen und Baden ein. In der Sansibar selbst kann man fein und teuer speisen, nachts feiern hier die Reichen und Schönen der Insel. Wer für seine rauschende Party z. B. Kaviar en gros benötigt, erfährt den Kilopreis vor Ort auf Anfrage.

Exklusives Domizil für gehobene Ansprüche: Hotel Dorint Söl'ring Hof in Rantum

Unweit von Sansibar ragt jenseits der Hauptstraße der mit zahlreichen Sicherungsseilen befestigte Sendemast der **LORAN-C-Station** 8 193 m hoch auf. Die Abkürzung steht für das von der Seefahrt genutzte Funknavigationssystem ›Long Range Navigation‹. Die 1962 von den Amerikanern erbaute Ortungsstation überwachte während des Kalten Krieges die Transportwege US-amerikanischer Schiffe. 1989 übernahm das Wasser- und Schifffahrtsamt in Tönning den Sender mit einer Reichweite von etwa 2500 km und brachte ihn 1995 in das Northwest European Loran-C-System (NELS) ein, an dem neben Deutschland Frankreich, Norwegen, England, Dänemark und die Niederlande beteiligt sind.

Gewissermaßen eine Enklave bildet **Puan Klent** 9 im äußersten Süden von Rantum. Der Name des Dünentals geht angeblich auf einen Piraten zurück, der sich vor langer Zeit hier an der Ostküste versteckt haben soll. Die einstigen Kasernengebäude aus rotem Backstein an der Wattseite beherbergen seit 1946 ein *Erholungsheim* für bis zu 300 Kinder und Jugendliche, die hier ihre Ferien verbringen, spielen und im Meer baden können.

Praktische Hinweise

Information

Kurverwaltung Rantum, Strandstr. 7, Tel. 046 51/80 70, Fax 046 51/807 66, www.rantum.de

Führung

Geschichte eines ›flüchtenden‹ Dorfes, Do 11 Uhr, Treffpunkt vor der Kurverwaltung Rantum oder bei der Bushaltestelle Rantum Mitte.

Fahrradverleih

Fahrradverleih Rantum, Hörnumer Str. 13, Tel. 01 70/327 20 76

Sport

Strandgymnastik, Samoa tgl. 11 Uhr, Sansibar 12 Uhr

Strandsauna Rantum, Tel. 046 51/83 41 86, April–Okt. tgl. ab 11 Uhr

Hotels

*****Dorint Söl'ring Hof**, Am Sandwall 1, Rantum, Tel. 046 51/83 62 00, Fax 046 51/ 836 20 20, www.dorint.de/sylt-rantum. Ganz allein steht das reetgedeckte

Luxushotel da, die Nordsee im Rücken, nach vorne der Blick auf die wogenden Dünen. Die sieben großzügigen Gästezimmer, zwei Suiten und sechs Maisonetten, sind individuell gestaltet, z. B. verfügt das ›Wattzimmer Ekke Nekkepenn‹ über einen Kamin, die über zwei Stockwerke reichende ›Meeres-Maisonette‹ bietet einen schönen Blick auf die Nordsee. Ein exklusiver Wellnessbereich gehört ebenfalls zum Haus, ferner das erstklassige Restaurant Söl'ring Hof. Hier werden Köstlichkeiten wie geeistes Gemüsesüppchen mit der marokkanischen Gewürzmischung Raz El Hamout, roh marinierte Jakobsmuscheln und gegrillter Hummer geboten (Mo–Sa ab 18.30 Uhr, So geschl.).

Alte Strandvogtei, Merret-Lassen-Wai 6, Rantum, Tel. 046 51/922 50, Fax 046 51/291 57, www.alte-strandvogtei.de. Das vergleichsweise günstige Hotel garni bietet ruhige Zimmer und Apartments im historischen Friesenhaus nahe Deich und Watt. Der Garten lockt mit großer Sonnenterrasse und Liegewiese.

Kultstatus: Mitten im Dünensand serviert das Restaurant Sansibar delikate Kost

Restaurants

Hus in Lee, Hörnumer Str. 26, Rantum, Tel. 046 51/215 89, www.hus-in-lee.de. In den Windschatten der Dünen duckt sich die Friesenstube, wo Ente und Lammkarree besonders gut schmecken. Kaffee und Kuchen genießt man im Sommer gern im blumenduftenden Garten. Sonntagvormittags gibt es Frühschoppen mit Live Jazz (Jan.–Okt. Mi–Mo 12–22 Uhr).

Samoa Seepferdchen, Hörnumer Str. 70, Samoa (ca. 2 km südlich von Rantum), Tel. 046 51/55 79. In den Dünen am schönen weißen Nordseestrand führt ›Padrone Kalle‹ eines der bekanntesten Lokale der Insel, eine rustikal-schicke Hütte mit lockerer Atmosphäre und feiner Küche. Sie bietet regionale Spezialitäten ebenso wie internationale Gaumenkitzler, sei es Steckrübensuppe mit Nordseekrabben oder Wolfsbarsch.

Sansibar, Hörnumer Str. 80, Sansibar (ca. 4 km südlich von Rantum), Tel. 046 51/96 46 46, www.sansibar.de. Das malerisch in die Dünen gekuschelte Lokal ähnelt äußerlich eher einer Blockhütte mit Veranda. Doch der rustikale Eindruck täuscht, Wirt Herbert Seckler legt Wert auf höchste Qualität: Etwa

Himmlische Kreationen: Sylts Küchenmeister zaubern oft wahre Kunstwerke

1200 Weine lagern im Gewölbe unter den Dünen, stets der richtige Tropfen für den gegrillten Red Snapper, das kaviargefüllte Rindercarpaccio oder die Bandnudeln mit weißen Trüffeln aus Alba (tgl. 10.30–23.00 Uhr).

15 Hörnum

Plan Seite 106

Sandstrand, Seevögel und Schiffsverkehr kennzeichnen Sylts Südspitze.

Lange Zeit hatte der sandige Süden Sylts gar keinen eigenen Namen und gehörte einfach mit zur Gemeinde Rantum. In den unwegsamen Dünen wohnten einige Fischerfamilien, denen man nachsagte, sie seien Strandräuber und Piraten. Erst 1649 taucht in den Karten der Name Hornum auf, was ›um das Horn‹, die Inselspitze, bedeutet. Auf relativ geringem Raum bietet der kleine Ort (1000 Einw.), der mittlerweile vom *Tourismus* lebt, jede Menge Wasser, getreu seinem Slogan ›Hörnum ist dreimal Meer: Meer im Westen, im Süden und im Osten!‹. Alles ist vom geradezu betulich-ruhigen Zentrum aus leicht zu Fuß zu erreichen – und somit ideal für Familien mit kleinen Kindern, die auch gern hier Urlaub machen. Dazu kommen zwei Jugendunterkünfte und mehrere Kindererholungsheime wie das Fünfstädteheim in Hörnum-Nord. Zwischen diesem Viertel und Hörnum selbst ziehen östlich der Durchgangsstraße Barackenbauten die Blicke auf sich. Hier waren bis in die 1990er-Jahre Bundeswehrsoldaten stationiert – die zukünftige Nutzung ist ungewiss.

Geschichte Das Hörnumer Gebiet war bereits im 15. Jh. besiedelt. Die hier ansässigen *Heringsfischer* erhielten nach der großen Allerheiligenflut 1425 Zuzug durch Überlebende aus dem im Meer versunkenen Ort Eidum (bei Westerland). Sie ließen sich im Kressen-Jacobs-Tal nieder und ihre ersten einfachen Hütten, die sog. Buden, gaben wohl der nahen **Buderdüne** den Namen. Auf ihr sollen übrigens der Sage nach früher Hexen und Seeräuber ihr Unwesen getrieben und sich miteinander amüsiert haben, bis die auf das lustige Treiben eifersüchtigen Hörnumer Frauen ein Kehraus veranstalteten. Im Sylter Süden ist auch eine weitere legendäre Figur zuhause, *Pidder Lüng*, der hier im Jahr 1473 gegen die Schikanen des dänischen Amtmannsohns Henning Pogwisch aufbegehrt und den Wahlspruch der Nordfriesen ›Lewer duar üs Slaaw!‹ geprägt haben soll.

Bedroht von Fluten und Wanderdünen, verschrien als Piratennest, blieb es lange Zeit ruhig um den abgelegenen Süden. Die Meeresuntiefen und -strömungen ringsum waren tückisch, auch ohne Zutun der Insulaner liefen in den gefährlichen Gewässern um Hörnum immer wieder Schiffe auf Grund. So war es denn auch die *Deutsche Gesellschaft zur Rettung Schiffbrüchiger*, die 1871 das erste feste Gebäude am Strand von Hörnum errichten ließ. Zu dieser Zeit hatten längst Urlauber Sylt als Sommerfrische entdeckt, aber die Anreise war beschwerlich und der tidenabhängige Hafen Munkmarsch bedingte oft genug lange Wartezeiten oder nasse Füße beim Ausschiffen. Abhilfe schaffte der Hamburger Reeder *Albert Ballin* (1857–1918), der Ende des 19. Jh. den natürlichen **Hafen** von Hörnum als Ankerplatz für seine Passagierdampfer erkor. 1901 konnte seine neue *Mole* für die Fähren der HAPAG-Seebäderdienste und die neue Trasse für die *Sylter Dampfspurbahn* nach Westerland freigegeben werden. Eine Bedingung für das Engagement der HAPAG war der Bau eines *Leuchtturms* gewesen, der 1907 seinen Betrieb aufnahm. Für Hörnums Entwicklung wichtig war auch das Militär, 1914 entstanden Kasernen für die ›Inselwache‹, einer Art Heimatschutz, 1935 folgte ein Seefliegerhorst und die *Siedlung Hörnum* mit Soldatenunterkünften. Noch heute prägen die zweckmäßigen Reihenhäuser das Ortsbild.

Kommunale Eigenständigkeit gewann Hörnum mit seiner Trennung von Rantum 1947. Schon zwei Jahre später durfte sich die junge Gemeinde *Nordseebad* nennen. 1948 hatte man auch mit dem Bau der ersten, zunächst nur einspurigen *Straße* nach Westerland begonnen. Sie besaß in regelmäßigen Abständen Ausweichbuchten, was ihr den Spitznamen ›Straße der Höflichkeit‹ eintrug. 1969 wurde sie auf zwei Spuren erweitert. Auf der alten Trasse der 1970 still gelegten Insel-

Vom friesischen Freiheitsdrang

Die berühmte Geschichte spielt im 15. Jh., zu einer Zeit, als die Nordfriesen schwer unter der dänischen Herrschaft zu leiden hatten. Besonders verhasst war **Henning Pogwisch**, der Sohn des Amtmannes von Tondern. Wann immer er nach Sylt kam, um im Auftrag seines Vaters Abgaben einzutreiben, erregte sein arrogantes Verhalten den Unmut der Bevölkerung. An einem Tag im Jahr 1473 betrat dieser Henning Pogwisch nun das Haus des Hörnumer Fischers **Pidder Lüng**, der mit seiner Familie gerade zu Mittag aß. Auf dem Tisch stand das typische Arme-Leute-Essen, ein Kessel Grünkohl. Als Lüng die fälligen Steuern nicht zahlen konnte, trat Pogwisch an den Tisch heran und spuckte dem ›gottlosen Gesindel‹ in die Suppe. Da war Pidder Lüng mit einem gewaltigen Satz neben ihm, packte ihn im Nacken, rief die legendär gewordenen Worte **›Lewer duar üs slaav‹** – ›Lieber tot als Sklave‹ – und zwang mit eisernem Griff den Kopf des anmaßenden Amtmannssohns in den heißen Kohl, worin dieser denn auch jämmerlich erstickte.

Soweit die Geschichte, die **Detlev von Liliencron** (1844–1909) mit seiner 1891 verfassten ›Ballade von Pidder Lüng‹ berühmt machte. Nach dieser Tat soll Pidder Lüng übrigens unter die Seeräuber gegangen sein und sein Leben entweder am Galgen oder, nach anderer Lesart, friedlich im Bett beschlossen haben. Liliencrons Ballade fußte auf Erzählungen des Sylt-Chronisten **Christian Peter Hansen** (1803–1879), doch dieser hatte die Geschichte um den ersten friesischen Freiheitshelden frei erfunden! Und zwar aus politischen Gründen. Mitte des 19. Jh. kam es zum Aufbegehren gegen die dänische Herrschaft und Hansens vermeintlich historischer Bericht von Pidder Lüngs Tat verlieh diesen friesischen Bestrebungen den Anschein geschichtlicher Kontinuität, was in Wirklichkeit nicht zutraf. Als Kernstück seiner Erzählung griff Hansen den Schlachtruf ›Lieber tot als unfrei‹ auf, mit dem die Friesen 1345 den holländischen Grafen Wilhelm IV. besiegt hatten. ›Lever duar üs Slaav‹ stand denn auch als Motto über der ›Lebens- und Leidensgeschichte der Friesen‹, die der Amrumer Universitätsdozent Knut Junbohn Clement (1803–1873) im Jahr 1845 verfasste. Den Ablösungsbestrebungen war im Jahr 1864 schließlich Erfolg beschieden. Nach dem Deutsch-Dänischen Krieg musste der dänische König Christian IX. im **Wiener Frieden** auf seine Gebietsansprüche in Schleswig-Holstein verzichten. Seit dieser Zeit ist Sylt deutsch, und noch heute kennt jedes Kind der Insel den Wahlspruch der Nordfriesen: ›Lewer duar üs Slaaw‹!

bahn wurde ein schöner *Fahrradweg* angelegt, der den gesamten südlichen Ausläufer der Insel erschließt.

Besichtigung Die im wahrsten Sinne des Wortes größte Sehenswürdigkeit des Dorfes ist der 1907 erbaute Hörnumer **Leuchtturm** 1 (Führungen auf frühzeitige (!) Voranmeldung bei Kurverwaltung Hörnum, Tel. 046 51/ 962 60, Mo, Mi–Do 9.30, 10.30 und 11.30 Uhr). Der rot-weiß-rote Baukörper steht auf einer 17 m hohen Düne und ragt selbst noch einmal 33 m auf, sodass sein seit 1977 automatisches Leuchtfeuer nachts im Umkreis von 19 Seemeilen (35 km) Orientierung bietet. Am Eingang zum Leuchtturm ziehen alle Teilnehmer der Führung weiche Überschuhe an, um den polierten Holzfußboden (Rutschgefahr!) im Inneren zu schonen, dann geht's nach oben. Im bullaugenbestückten *Betriebsmittelraum* im 3. Stock befand sich 1918–30 die Hörnumer Schule. Hier wurden bis zu zehn Kinder unterschiedlichen Alters gleichzeitig unterrichtet. Im 5. Stock kann man historische Schwarz-Weiß-Fotos aus dieser Zeit betrachten. Heute hat im Leuchtturm das *Standesamt* Einzug gehalten: Im 8. Stock können sich jeden Freitag Paare das Jawort geben (Infos beim Standesamt Sylt, Tel. 046 51/85 12 50). Der Trauraum ist zwar nur spartanisch ausgestattet, aber die Hochzeitstermine sind begehrt.

Vom darüber liegenden Stockwerk gelangt man schließlich auf die umlaufende *Aussichtsplattform*. Von oben sieht man am Fuß des Turmes Testgestelle, auf denen Firmen neu entwickelte Produkte

Einzigartiges Jawort-Szenario: Der Leuchtturm von Hörnum dient auch als Standesamt

Wind und Wetter aussetzen und so auf ihre Haltbarkeit prüfen. Im Norden breiten sich die Häuschen von Hörnum aus, auch die Bauruine des einstigen *Kurhauses* ist deutlich zu sehen, für dessen Neunutzung seit langem ein Investor gesucht wird. Nach Süden zu erstrecken sich jenseits eines kleinen Wäldchens sanftwellige Dünen. Hier kann man wahrhaftig das häufig zitierte ›klaar Kimming‹, den grenzenlosen Blick übers Meer, auf sich wirken lassen. Über die unendliche Wasserfläche gleiten die Ausflugsschiffe auf ihrem Weg zu den Seehundbänken, nach Amrum und Föhr.

Die Schiffe legen am betriebsamen Hörnumer **Hafen** 2 ab, der nördlich des Leuchtturms an der Ostküste liegt. Hier landen nachmittags die Fischer ihren Fang an und verkaufen schon mal eine Scholle frisch vom Kutter, daneben dümpeln einige Jachten friedlich im Wasser. Offensichtlich fand auch eine *Kegelrobbe* den Hörnumer Hafen so einladend, dass sie beschloss, fortan hier zu bleiben und sich lieber füttern zu lassen statt mühsam selbst im Meer zu jagen. Seitdem taucht der apart gepunktete Kopf von ›**Willi**‹ immer dann erwartungsvoll aus dem Wasser auf, wenn sich ein Mensch am Kai zeigt und vorsichtig hinabspäht. Futter für die vorwitzige Robbe erhält man beim nahen Imbissstand, wo man sich natürlich auch selbst bei Fischbrötchen und Krabben stärken kann.

Über all dem Hafentrubel von Hörnum ragt im Norden die evangelische Kirche **St. Thomas** 3 auf. Eine Treppe führt den steilen Dünenhang hinauf zu dem markanten asymmetrischen Bau, dessen weiße Außenwände wie Segel im Sonnenschein leuchten. Die im Jahr 1970 errichtete Kirche ist ansonsten eher unspektakulär, doch wegen ihrer ausgezeichneten Akustik für Orgelkonzerte beliebt.

Einige Jahre älter ist die katholische Kirche **St. Josef** 4. Der braune Backstein-

Hervorstechend: Die Kirche St. Thomas ist Hörnums markanter Blickpunkt

bau mit dem großen Giebelfenster über der Tür wurde 1962 am nordlichen Stadtrand errichtet. Im Inneren dominieren die kräftigen Farben der Wandmalereien und Buntglasfenster (Mitte 20. Jh.) von Emil Wachter. Das *Altarbild* zeigt den Kirchenpatron, es erinnert im Stil an Franz Marc. Das darüber hängende *Kruzifix* schuf der Hamburger Bildhauer Leo Ohl.

Etwas näher zum Ort hin liegt westlich der Hauptstraße die **Schutzstation Wattenmeer** 5 (Rantumer Str. 27, Tel. 046 51/88 10 93, tgl. 10–12 und 15–18 Uhr), nach ihrem maßgeblichen Mitinitiator auch *Kuno-Ehlfeldt-Haus* genannt. Die Mitglieder dieses 1972 ins Leben gerufenen Vereins schützen den Naturraum Wattenmeer, sie betreuen das Landschaftsschutzgebiet Hörnumer Dünen- und Heidelandschaft sowie das Naturschutzgebiet Hörnum Odde. Die Arbeit wird im dazugehörigen *Informations- und Bildungszentrum* anschaulich dokumentiert. Zahlreiche Schautafeln und lehrreiche Spiele bringen Besuchern das Leben in Watt und Meer näher, widmen sich der häufig vorkommenden Herzmuschel ebenso wie dem vom Aussterben bedrohten Schweinswal. Daneben stellen liebevoll und kenntnisreich bestückte *Aquarien* das vielfältige Leben in Nordsee und Watt gewissermaßen live vor.

Sehr zu empfehlen sind *Führungen* der Schutzstation Wattenmeer entlang der **Hörnum Odde** 6, des seit 1972 unter Naturschutz stehenden Dünengebiets im äußersten Süden von Sylt. Ein forscher Spaziergang um die heute nur noch etwa 600 m lange und 350 m breite, flach auslaufende Sandspitze dauert etwa 2 Stunden. Gestalt und Gehalt der Hörnum Odde verändern sich immer noch, denn Wind und Wellen modellieren ständig ihr Profil. Die *Landabbrüche* schlagen hier besonders schlimm zu Buche, und allein in den 1980er-Jahren versanken während mehrerer Fluten zwei Leuchtfeuer sowie die Reste gesprengter Wehrmachtsbunker im Meer.

Doch Sand gibt es noch zu Hauf auf der Hörnum Odde. Genug jedenfalls für Abertausende von See- und Wattvögeln, die hier brüten und rasten. Mehrere Möwenarten erfüllen die Luft mit ihren kreischenden Rufen, am Strand huschen Kiebitze über die feucht glänzenden Flächen, die gerade noch die Flut überspült hat, Alpenstrandläufer und Rotschenkel finden einen reich gedeckten Tisch. Zwischen dem weiten **Sandstrand** und den üblichen Sylter Dünenhügeln verlaufen um die Odde noch *Hörnumer Primärdünen*. Das sind etwa 1 m hohe Sandverwehungen, die mit Salzmiere, Salzmelde, Meersenf und anderen seltenen salzverträglichen Pflanzen bewachsen sind. Naturliebhaber kommen hier voll auf ihre Kosten, auch wenn sie jenseits der biologischen Attraktionen einfach nur einen herrlichen Strandspaziergang genießen wollen.

Praktische Hinweise

Information

Tourismus-Service Hörnum, Strandweg 2, Hörnum, Tel. 046 51/962 60, Fax 046 51/96 26 66, www.hoernum.de

Fahrradverleih

Fahrradverleih Claßen, Budersandstr. 27, Hörnum, Tel. 046 51/88 03 54, www.fahrrad-classen.de

Wassersport

Südkap, Südkap-Düne (am Ortsende, Oststrand), Hörnum, Tel./Fax 046 51/

88 13 90. Anerkannte Surf-, Segel- und Katamaranschule. Nettes Café anbei.

Camping

Camping Hörnum, Tel. 046 51/835 84 31, Fax 046 51/835 84 88. Ausgedehnter, im Norden Hörnums gelegener Platz mit direktem Zugang über die Dünen zum Weststrand. Stellenweise ist der feine Sand auf dem Campingplatz sehr tief (unbedingt Sandheringe mitnehmen!), das kann für Autos zum Problem werden; Caravans erhalten bei Bedarf Schlepphilfe.

Hotels

******Hotel am Leuchtturm***, An der Düne 38, Hörnum, Tel. 046 51/961 00, Fax 046 51/88 10 80, www.hotel-leuchtturm.com. Preisgünstiges zweckmäßig eingerichtetes Aparthotel am Fuß des Leuchtturmhügels knapp 500 m vom Oststrand entfernt. Ein Schwimmbad sowie eine Sauna laden im Haus zu Sport und Entspannung ein, im Sommer lässt man sichs auch auf der Terrasse oder Liegewiese gutgehen.

Seepferdchen, Odde-Wei 1, Hörnum, Tel. 046 51/96 71 33, Fax 046 51/96 71 88, www.hotel-seepferdchen.de. Einfach eingerichtete Zimmer und Apartments beim Naturschutzgebiet Hörnumer Odde auf halbem Weg zwischen West- und Oststrand.

Restaurants

Rostiger Anker, Blankes Tälchen 8, Hörnum, Tel. 046 51/88 10 50. Das alteingesessene Lokal nahe dem Hafen bietet kräftige Hausmannskost wie Pannfisch und Rotbarsch, im Herbst gibt es auch schon mal das inseltypische Gericht Birnen, Bohnen, Speck (Di geschl.).

Sonniger Süden, Strandweg 23, Hörnum, Tel. 046 51/88 04 60. Café Restaurant mit gutbürgerlicher Küche. Es munden Sauerfleisch, Matjes und Friesenstreusel, die Portionen sind reichlich. Auch Kuchen und Torten sind ›eine Sünde wert‹ (Mi geschl.).

Theeknob, Norderstr. 7, Hörnum, Tel. 046 51/961 20. Das rustikale Fischrestaurant bietet Scholle und Seeteufel, aber auch Lamm- und andere Fleischgerichte. Nebenan lockt eine Bierstube, im Haus stehen auch Gästezimmer zur Verfügung (Do–Di 11.30–14 und ab 17 Uhr).

Spielerisch Natur erforschen: Kinder sind in der Schutzstation Wattenmeer willkommen

MÖWEN

Ausflüge – Schwesterinseln in der Nordsee

Eine Seefahrt ist ja bekanntlich lustig und schön, daher gehören zu einem Urlaub auf Sylt auch immer wieder Entdeckungsreisen zu anderen Gestaden wie den Halligen. Am häufigsten wird der **Hallig Hooge**, der nach Langeneß zweitgrößten dieser zehn Inselchen, ein Besuch abgestattet. Auf der ›Königin der Halligen‹ stört kein Auto die wiesengrüne Idylle. Zu Fuß oder mit dem Pferdewagen kann man die verschiedenen *Warften*, die künstlichen Wohnhügel der flachen Insel, erkunden: die Backenswarft mit ihren einladenden Cafés und Wirtshäusern, die Kirchwarft mit dem historischen Gotteshaus und nicht zuletzt die Hanswarft mit dem vornehm ausgestatteten *Königspesel* eines Kapitänshauses. Darüber hinaus empfiehlt sich auch eine Wanderung entlang des Inseldeichs oder ein Abstecher zu den *Salzwiesen* an der Küste mit ihrer eigentümlichen Flora und Fauna.

Auch Sylts Nachbarinsel **Amrum** ist ein Paradies für Spaziergänger. Der superbe Weststrand heißt hier *Kniepsand* und ist über 15 km lang. Kürzer, aber auch schön ist der Rundgang auf der Strandpromenade rings um den Hauptort *Wittdün*. Oder man leiht sich im Hafen ein Fahrrad und macht einen Abstecher an der Wattenmeerküste entlang nordwärts in das entzückende Friesendorf *Nebel* und weiter nach *Norddorf*. Vollends ohne Anstrengung genießt man die schöne Szenerie zwischen Meer und Heide bei einer Fahrt mit der Amrumer Inselbahn ›Paul‹. Entdeckerfreuden genießt schließlich, wer sich bei Ebbe einer *Wattwanderung* von der Odde im Norden zur Nachbarinsel Föhr anschließt.

Das familienfreundliche **Föhr** ist für seine ruhige Lebensart bekannt. Sie prägt sogar den eigentlich geschäftigen Haupt- und Hafenort *Wyk* mit seinen Friesenhäuschen in mittelalterlichen Gassen. Die Insel erfreut sich außerdem eines für die Nordseeküste ungewöhnlich *milden Klimas*, das Anfang des 19. Jh. sogar königliche Sommergäste anzog. Herrlich ist zweifelsohne der 15 km lange *Strand,* doch als Alternative bietet sich auf der ›grünen Insel‹ auch eine Radwanderung an. Unterwegs lohnen Stopps etwa im charmanten historischen Dörfchen *Nieblum*, bei der Borgsumer *Windmühle* oder der Oldsumer *Vogelkoje*. Wer am richtigen Tag kommt, kann auch über den *Bauernmarkt* in Oevenum oder den *Fischmarkt* in Wyk schlendern.

Alle diese Inseln können von Sylt aus im Rahmen einer Tagestour mit den *Adler-Ausflugsschiffen* einzeln oder in Kombination angelaufen werden, jeweils mit einem mehrstündigen Landaufenthalt verbunden.

Urlauber machen aber auch Tagesausflüge nach **Helgoland**, Deutschlands einziger Hochseeinsel, die rund 70 km südöstlich von Sylt liegt. Die einen lockt die Aussicht, auf der gerade mal 2 km^2 großen *zollfreien* Insel günstig einzukaufen, die anderen freuen sich schon darauf, auf dem *Klippenrandweg* die ›Rote Insel‹ in luftiger Höhe von bis zu 50 m zu umwandern. Tief unten brandet dann das Meer an die *Lange Anna*, die einsame Felsspitze vor Helgolands eisenrot gefärbter Steilküste. Sie umkreisen Tausende von Trottellummen und die erhabene Weite ringsum verführt zum Träumen mit offenen Augen.

◁ *Auf Nordsee-Entdeckungsreise: Schiffsausflüge zu den Nachbarinseln Sylts zählen ebenso zum Ferienprogramm wie eine Wattwanderung – besonders schön sind die geführten Touren zwischen Amrum und Föhr*

16 Hallig Hooge

Plan hintere Umschlagklappe

›Königin der Halligen‹ – ein Fleckchen Erde in der Weite des Meeres.

Die **Halligen** sind zweifellos ein ungewöhnlicher Lebensraum, für Menschen ebenso wie für Tiere und Pflanzen. Nur Deiche, Landaufschüttungen und Kooge (durch Eindeichung gewonnenes flaches Neuland), schützen sie vor dem Meer, und sie sind nie ganz sicher vor dem Blanken Hans. Die äußerst flachen Inseln ragen nur geringfügig über dem durchschnittlichen Meeresspiegel auf, und zumindest die küstennahen Marschwiesen werden trotz der heute üblichen vorgelagerten niedrigen Schutzdeiche regelmäßig überflutet. Damit es den Wohnhäusern und den Stallungen nicht genauso geht, wurden sie auf eigens aufgehäuften 5–6 m hohen Hügeln errichtet, den **Warften**, die ein schützender begrünter Erdwall umgibt. Wenn es dann wieder einmal ›Land unter!‹ heißt, bleibt das Hochwasser in aller Regel außerhalb dieser Warftdeiche und erreicht die dahinter erhöht stehenden Häuser nicht.

Für den Kampf mit den Naturgewalten muss man auf einer Hallig stets gerüstet sein. Nüchterne Zahlen illustrieren drastisch, was sich hier im Laufe der Jahrhunderte zugetragen haben muss: Hooge hatte im Jahr 1642 noch eine Gesamtfläche von 1440 ha, heute sind davon noch gerade 574 ha übrig. Gleichwohl ist sie nach Langeneß die zweitgrößte der Nordseehalligen. Auf neun Warften leben hier 110 Menschen, die jedes Jahr von rund 100 000 Gästen, meist Tagesausflüglern, besucht werden. Diese kommen per Schiff, das am hölzernen **Fähranleger** im Nordosten der Insel anlegt. Hier stehen schon Planwagen bereit, mit denen man eine auf den Zeitplan der Schiffe abgestimmte *Sightseeingtour* von Warft zu Warft unternehmen kann.

Grünes Eiland im grauen Watt: Hallig Hooge, die ›Königin der Halligen‹

Der nächstgelegene Wohnhügel, die **Backenswarft**, kann zwar nicht mit Sehenswürdigkeiten aufwarten, besitzt aber neben dem Schulland- und Erholungsheim *Jugendwarft Hallig Hooge* auch drei nette Cafés und Gasthäuser. Hier kann man gemütlich bei *Toter Tante* (heiße Schokolade mit Rum und Sahne) und Friesentorte sitzen.

Sehr stimmungsvoll ist der Spaziergang über das flache Land zur **Kirchwarft**. Der Weg führt durch grüne Wiesen und Weiden sowie über zahlreiche Wasserläufe, denn die ganze Hallig ist von Prielen durchzogen. Erst beim Näherkommen erkennt man hinter dem Warftwall im Schutz hoher Bäume und umgeben von einem kleinen Friedhof die um 1636 erbaute **Halligkirche St. Johannes** (Mo geschl.). Der weiter westlich gelegene Vorgängerbau war während der Großen Mandränke 1362 zerstört worden. Der Neubau wurde mit Inventar aus untergegangenen Kirchen benachbarter Gemeinden geschmückt. Das blau-weiß-rot bemalte *Gestühl* etwa wurde 1624 für die Osterwohlder Kirche geschnitzt, ebenso die polychrome *Kanzel*. Sie zeigt Apostelfiguren und Szenen aus dem Leben Christi, ferner die rührende Darstellung einer Walmutter mit Jungem von 1743. Von ernster Würde ist auch das hölzerne *Taufbecken* (1624), getragen von Figuren der vier Evangelisten. Den *Altar* schmückt ein Kruzifix vor Goldgrund. Die Apsis präsentiert *Buntglasfenster* aus dem 20. Jh., rechts der Gute Hirte, links Christus bei der Rettung des im Wasser versinkenden Petrus. Nahe dem Eingang hängt ein beeindruckendes *Schiffsmodell* von der flachen Holzdecke. Es erinnert an die Sturmflut von 1825, die den dänischen König Friedrich VI. auf die Hallig brachte. Beeindruckt von den Naturgewalten ließ der Monarch die Warften erhöhen und trug zur nötig gewordenen Restaurierung der Kirche bei.

Vor dem Warftdeich steht übrigens ein *Holzmast*, an dem Metallringe die Pegelhöhe von Sturmfluten des 20. Jh. markie-

Geschmückt mit dem Inventar untergegangener Gotteshäuser: Halligkirche St. Johannes

ren. Den Spitzenplatz nimmt mit 9,24 m die Flut vom 16. Februar 1919 ein, die jüngste Markierung vom 5. Februar 1999 zeigt 8,85 m an.

Richtig trubelig geht es abschließend beim Besuch der **Hanswarft** zu, der größten Warft der Hallig. Gleich beim Deichübergang hat man im *Hooger Sturmflutkino* (Tel. 048 49/271, in der Saison tgl. 10–17 Uhr, ab 10 Pers.) Gelegenheit, sich auf einer großer Leinwand einen etwa viertelstündigen Kurzfilm über Sturmfluten anzusehen. Unweit davon zeigt das *Heimatmuseum* (Tel. 048 49/207, Sommer Di–So 10–17 Uhr) Erinnerungsstücke, Gebrauchsgegenstände und Trachten aus der Walfängerzeit im 17./18. Jh. Im umgebauten Stall des früheren Deichgrafen-Hauses verkauft die *Hallig-Galerie* verschiedenste Hallig-Souvenirs.

Glanzstück der Hanswarft auf der Hallig Hooge ist der blau-weiß gekachelte Königspesel

Neugierige Gesellschaft: Der Seehund ist das Wappentier des Wattenmeers

Fischfresser und Bankbesetzer

»Oh sind die süüüß!« Das Entzücken der Urlauber ist verständlich angesichts der putzigen Seehundjungen, die sich an diesem warmen Julitag zwischen zahlreichen erwachsenen Tieren auf der Sandbank im Meer westlich von Hörnum sonnen. Dabei müssen sich die Naturfreunde mit einem Blick durch das Fernglas begnügen, denn allzu nah fährt der Ausflugsdampfer nicht an die **Seehundbänke** heran, um die Tiere nicht zu verschrecken.

Diese flutsicheren Sandbänke nutzen die Seehunde in trauter Gemeinsamkeit mit den selteneren Kegelrobben. Beide Arten gehören zur Familie der Robben, doch kann der 95–110 kg schwere und 1,5 – 2 m große **Seehund** (Phoca vitulina) der **Kegelrobbe** (Halichoerus grypus), die 2,2–3 m lang und 200–320 kg schwer werden kann, nicht das Wasser reichen. Die Kegelrobben erkennt man auch an der vergleichsweise langen Schnauze.

Als Meeressäugetiere gehören Robben zu den Spezies mit überlappenden Habitatsansprüchen, wie die Biologen sagen. Das bedeutet, dass sie gleichermaßen die Lebensräume Wasser und Land für ihr Überleben brauchen. Besonders wichtig sind solche ungestörten Plätze während Geburt und Aufzucht der **Jungen**, deshalb werden auch um Sylt herum zu dieser Zeit flexible Schutzzonen für die Tiere eingerichtet. Seehundjunge kommen im Juni und Juli zur Welt und besitzen dann bereits eine schützende Fettschicht und ein wasserabweisendes Fell. Anders als die kleinen Kegelrobben, die zwischen November und Januar geboren werden und zunächst noch das flauschige, weiße Embryonal- oder Lanugofell haben. Während der vier- bis sechswöchigen Säugezeit folgen Kegelrobbenjungen daher ihren Müttern nicht ins kalte Wasser, sondern bleiben allein am Strand zurück. Manchmal legen Robbenkühe ihren Nachwuchs auch am Strand ab, z. B. auf der Hörnum Odde.

Wer ein solches Jungtier beim Strandspaziergang entdeckt, sollte weder versuchen, es ins Meer zu treiben, weil es dafür noch nicht ausgerüstet ist, noch es gar berühren oder streicheln, da es danach von der Mutter wegen des veränderten Geruchs eventuell nicht mehr angenommen und so zum Tode verurteilt wird.

Seehundrettung: Claus Detlefs, Tel. 046 51/87 08 43 oder 01 72/274 37 81.

Die größte Attraktion der Warft aber ist der **Königspesel** im roten Backsteinhaus mit tief herabgezogenem Reetdach, das Kapitän *Tade Hans Bandiks* im 18. Jh. errichten ließ und das heute teilweise als Museum (Tel. 048 49/219, im Sommer tgl. 10–17 Uhr, im Winter nach Anmeldung) zu besichtigen ist. Den Namen Königspesel trägt die Gute Stube aus gutem Grund: Hier übernachtete König Friedrich VI. bei seinem Besuch 1825 anlässlich der Sturmflut. Wände und Türen des Pesels sind vollständig mit blau-weißen Kacheln geschmückt. Im Kontrast dazu stehen die grün grundierte, in Teilen bemalte Balkendecke und der ebenso eingefasste Alkoven. Alles, auch das prächtige Mobiliar des vornehmen Wohnzimmers, ist original erhalten.

Ebenfalls zu einem Besuch lädt am Rande der Warft das Infozentrum der **Schutzstation Wattenmeer** (Tel. 048 49/229, www.schutzstation-wattenmeer.de, tgl. 11–16 Uhr) ein. Die Aquarien und Schaukästen sind ganz dem Watt, der Nordsee und ihren tierischen und pflanzlichen Bewohnern gewidmet. Die hier gewonnenen Erkenntnisse kann man bei einem *Spaziergang* durch die Wiesen oder entlang des Sommerdeichs mit der Natur vergleichen.

i Praktische Hinweise

Information

Touristikbüro Hallig Hooge, Hanswarft, Uns Hallig Hus, Tel. 048 49/91 00, Fax 048 49/201, www.hooge.de

Restaurants

Friesenpesel, Backenswarft, Tel. 048 49/250. Gemütliche Gaststätte im früheren Haus des Commodore Lodde Ragtsen. Es wird reichlich aufgetischt, viel frischer Fisch, auch Grünkohl oder Sauerfleisch, dazu passt ein kräftiger Köm (Kümmel) ganz ausgezeichnet. Von Ende März bis November und um Weihnachten kann man die lokale Spezialität Porren-Pan probieren, das sind Krabben in würziger Soße. Außerdem gibt es Gästezimmer im Haus.

T-Stube, Hanswarft 6a, Tel. 048 49/289. In dem niedrigen reetgedeckten Friesenhäuschen mit offenem Dachstuhl sitzt man gemütlich bei Eintopf oder Pannfisch. Auf der Karte stehen außerdem 41 Teesorten, die man im Sommer gern im Gärtchen vor der Tür genießt.

Zum blauen Pesel, Backenswarft 2, Tel. 048 49/231. In der gemütlichen niedrigen Gaststube des reetgedeckten Wohnhauses kann man typisches Halliggebäck probieren oder gute Hausmannskost genießen und abschließend vielleicht an einem Pharisäer (Kaffee mit Sahne und Rum) nippen. Gegenüber lohnt ein Blick in den Pesel, ausgemalt von dem Hallig-Künstler Nikolaus Soltau. Im Sommer sitzt man schön im kleinen Garten vor der Haustür.

17 Amrum

Plan hintere Umschlagklappe

Die Vielfältige: Inselromantik nebst Riesenstrand, Wiesen und Heide.

Einst schützte eine vorgelagerte Sandbank die Westküste der lang gestreckten, 20 km² großen Insel Amrum vor der anbrandenden Nordsee. Doch Wind und Wellen trieben den Sand beständig nach Osten, bis er Ende des 19. Jh. auf die Küste traf. Seitdem besitzt Amrum mit dem **Kniepsand** einen der schönsten Strände Deutschlands: rund 15 km lang, bis zu 2 km breit und aus feinstem, fast weißem Sand bestehend. Er ist auch der Hauptgrund, warum jedes Jahr etwa 150 000 Besucher auf die Insel kommen, Tendenz steigend.

Wie auf Sylt belegen auch in Amrum steinzeitliche Grabhügel eine frühe Besiedlung. Das älteste überlieferte Dokument stammt aus dem Jahr 1231, als *Ambrumb* noch zu Dänemark gehörte. Nach dem Deutsch-Dänischen Krieg hatten dann ab 1864 die Preußen das Sagen. Einer breiteren Öffentlichkeit wurde Amrum durch ein *Christliches Seehospiz* bekannt, das der Pastor und Menschenfreund **Friedrich von Bodelschwingh** 1890 in *Norddorf* gegründet hatte. Dem ersten Hospizgebäude folgten bald weitere. Tatsächlich sorgte das gesunde Seeklima für regen Zulauf, eine Entwicklung, die ein Hannoveraner Unternehmer vorausgesehen und schon 1885 versucht hatte, sich eine Badekonzession für die *Südspitze* der Insel zu verschaffen. Erst wurde der Antrag abgelehnt, 1889 aber doch bewilligt, und alsbald entstanden Hotels, Cafés und Restaurants. Als schließlich ein Hafen und eine Bahnstation dazu kamen, stand dem Aufstieg des neu entstandenen Ortes Wittdün zum Nordseeheilbad und Touristenzentrum der Insel nichts mehr im Wege.

Von Wind und Meer mit Sand beschenkt: Amrum lockt mit einem Strand der Superlative

Sehenswürdigkeiten weist das geschäftige **Wittdün** allerdings kaum auf, sieht man von zahlreichen Geschäften, dem regen *Hafen*, vom *Meerwasser-Hallenbad* und dem *Naturkundlichen Infozentrum* (Tel. 046 82/27 18, Mi–Mo 10–12 und 15–17 Uhr) der Schutzstation Wattenmeer einmal ab. Letzteres macht Besucher anhand von Modellen, Dioramen und Aquarien mit Amrum vertraut. Auch der künstlich angelegte *Dünensee Wriakhörn* südlich von Wittdün wird als Vogelschutzgebiet und Biotop mit Naturlehrpfad zum Urlaubserlebnis. Er liegt nicht weit vom *Amrum Badeland* (Tel. 046 82/94 34 55, tgl. 10–18 Uhr, im Winter Di–So 14–18 Uhr), einem Freizeitkomplex mit Schwimmbecken, Sauna, Solarium und Sporteinrichtungen. Etwa 1 km weiter westlich ragt der **Leuchtturm** (Tel. 046 82/941 10, April–Sept. Mo–Fr 9–12.30 Uhr, sonst nur Mo, bei schlechtem Wetter geschl.) von Groß-Dün empor. Er wurde 1875 eröffnet und ist mit knapp 64 m das höchste Leuchtfeuer an der deutschen Nordseeküste. Herrlich ist der Blick von seiner Aussichtsplattform über Kniepsand, Dünen und Meer.

Weiter führt die Hauptstraße über **Süddorf** mit der einzigen Schule Amrums zu dem pittoresken Dorf Nebel. Man kann es von Wittdün aus auch auf dem schönen *Fahrradweg* entlang des Watts erreichen. Dabei fährt man bei **Steenodde** durch uraltes Siedlungsgebiet und kommt u.a. am Steingrab *Eesenhugh* vorbei, dem mit 4,70 m Höhe und 26,5 m Durchmesser größten der Insel, sowie am daneben liegenden Gräberfeld aus der Wikingerzeit.

Nebel ist der eigentliche Hauptort der Insel, zumindest was die touristische Anziehungskraft anbelangt. Das Ortsbild ist aber auch zu schnuckelig mit seinen niedrigen Friesenhäuschen in blumengeschmückten Gärtchen. Man sieht deutlich, dass Nebel ein bevorzugter Altersruhesitz wohlhabender Kapitäne und Grönlandfahrer war. Als solcher entstand er ab dem 16. Jh. um die schon bestehende Kirche *St. Clemens* (13. Jh.), deren Standort ihr hoher Turm von 1908 anzeigt. Noch älter als die Kirche sind in ihrem Inneren rechts vom Eingang die geschnitzten *Apostelfiguren*, die mit ihren länglichen Körpern und ernsten Gesichtern deutlich als frühgotisch zu erkennen sind. Auch der dreiflügelige *Altar* von 1634 zeigt in geöffnetem Zustand die Apostel, diesmal mit Jesus beim ›Letzten Abendmahl‹. Außen sind die vier Evangelisten zu sehen. Der granitene *Taufstein* ist spätromanisch, die prächtige *Kanzel* stammt aus dem 17. Jh. Auch ein Gang über den umliegenden *Friedhof* lohnt. Er weist eine Vielzahl von ›sprechenden Grabsteinen‹ aus dem 17./18. Jh. auf, die symbolträchtige Bilder und Inschriften mit den Lebensgeschichten der hier Beigesetzten tragen.

Wer nun wissen will, wie die Nebeler damals gelebt haben, sollte sich im nahen *Öömrang Hüs* (Waaswai 1, Tel. 046 82/41 53, Mai–Okt. Mo–Fr 10–12 und Mo–Sa 15–17, sonst Mo–Sa 15–17 Uhr), dem ehem. Landsmannhaus, umschauen. Der Heimatpflegeverein Öömrang Ferian unterhält das Kapitänshaus von 1736 mit teils noch originaler Ausstattung als Museum. Auch ein Besuch des *Heimatmuseums* (April–Okt. tgl. 11–17 Uhr) ist interessant, das sich am südlichen Ortsrand

Im 13. Jh. dem Schutzheiligen der Seefahrer geweiht: Kirche St. Clemens in Nebel

Amrums eindrucksvollen weißen Dünen verdankt der Ort Wittdün seinen Namen

Ferienfreuden ohne Ende: Der Kniepsand zählt zu Deutschlands schönsten Stränden ▷

in der 1771 erbauten Erdholländer-Mühle befindet. Hier wurde noch bis 1963 Getreide gemahlen. Heute stellen Fotografien, Dokumente, Trachten usw. die Orts- und Inselgeschichte vor, eine kleine Galerie zeigt meist regionale Kunst. Gegenüber der Mühle fanden auf dem *Friedhof der Heimatlosen* die anonymen Opfer der See ihre letzte Ruhestätte, die an der Amrumer Küste angespült wurden.

Weiter geht es Richtung Norden, wo sich zwischen Dünen und Weideland unter Bäumen die **Amrumer Vogelkoje** versteckt. Die einstige Entenfanganlage ist heute ein gut bevölkertes Vogelbiotop. Von hier führt ein Bohlenweg durch wildromantische Dünenlandschaft nordwärts zum rot-weißen **Quermarkenfeuer** (nicht zugänglich). Von seinem Hügel hat man einen trefflichen Blick über die leicht gewellte Landschaft und den breiten Kniepsand. Schöne Ausblicke bietet auch die 32 m hohe *Aussichtsdüne* südlich von **Norddorf**, das man als nächstes erreicht. Das unbestrittene *Badezentrum* Amrums lockt vor allem Familien mit Kindern an

Einst Mehllieferant, heute attraktiver Rahmen für Geschichte: Die Erdholländer-Mühle ist Teil des Nebeler Heimatmuseums

und verfügt über einen bequemen Zugang zu Kniepsand und Nordsee. Das ambitionierte *Naturzentrum* (Strunwai 31, Tel. 046 82/16 35, www.naturzentrum-norddorf.de, April–Okt. Fr–Mi 10–17, Nov.–März Mi/Fr–So 12–16 Uhr) ist Amrum und dem Watt gewidmet. Ferner lädt der zentrale *Kurpark* zu einem geruhsamen Spaziergang ein, den man zur Wattseite hin ausdehnen kann. Im dortigen Ortsteil *Uaster-Anj* haben sich zahlreiche hübsche reetgedeckte Friesenhäuser erhalten.

Zwar endet die Hauptstraße der Insel bei Norddorf, doch Vogelfreunde legen die etwa 3 km zum **Vogelschutzgebiet Amrum Odde** gern zu Fuß oder mit dem Fahrrad zurück. Die seit 1936 unter Naturschutz stehende Odde bildet die Nordspitze der Insel. Heide und Dünen sind Heimat zahlreicher, teils seltener Vogelarten. Manchmal sieht man am Strand sogar einen Seehund oder eine Kegelrobbe. Vom *Wärterhaus* inmitten des Naturschutzgebietes starten *Führungen* (Tel. 046 82/23 32, Mai–Okt. Di–So 10 Uhr) durch die Odde.

Gleichfalls beginnen hier die geführten **Wattwanderungen** hinüber nach Föhr (Infos bei Amrum Touristik). Auf keinen Fall sollte man ohne ortskundigen Führer loslaufen. Das Watt kann tückisch

sein und kann unerfahrenen Wanderern leicht zum Verhängnis werden.

Praktische Hinweise

Information

Amrum Touristik, Am Fähranleger, Wittdün, Tel. 046 82/940 30, Fax 046 82/94 03 20, www.amrum.de

Fahrradverleih

Radverleih Petersen, Achtern Strand 14, Wittdün, Tel. 046 82/13 14

Restaurants

Blaue Maus, Inselstr. 107, Wittdün, Tel. 04682/20 40. In Amrums ältester Kneipe – hier trifft man sich seit den 1950er-Jahren – werden ab und an sogar Whiskey-Seminare veranstaltet (Do geschl.).

Likedeeler, Stianoodswai 29 a, Steenodde, Tel. 046 82/777. Allein schon die Lage am Watt lohnt einen Besuch, dazu kommen die frischen Muscheln, die hausgemachten Nudeln, der deftige Seemannsschmaus (Di geschl.).

Preesters Hüs, Waasterstigh 17, Nebel, Tel. 046 82/96 87 10. Das Restaurant im früheren Pastorenhaus bietet Vegetarisches, Fisch oder Fleisch, Wildschweingulasch etwa ist sehr begehrt.

18 Föhr

Plan hintere Umschlagklappe

Marschen, Wiesen und sogar Wald gaben der ›grünen Insel‹ ihren Namen.

Mit Sylt und Amrum bildet das 82 km² große Föhr das Trio der großen nordfriesischen Inseln. Wer hier Urlaub macht – und das sind immerhin 180 000 Besucher jährlich – schätzt die Ruhe und relative Ursprünglichkeit. Es bietet sommerliche Urlaubsfreuden am 15 km langen *Sandstrand* zwischen Wyk und Utersum. Außerdem kann man reiten, golfen, zünftig wandern und Fahrrad fahren. Die ›grüne Insel‹ mit ihren Wiesen und Marschen hat ein besonders *mildes Klima*, da sie der rauen See nicht so unmittelbar ausgesetzt ist wie z. B. Sylt. Dieser Umstand zog schon früh Sommergäste an und der Hauptort *Wyk* ist das älteste Seebad Nordfrieslands, es wurde 1819 gegründet.

Alle größeren Orte auf Föhr liegen entlang des erhöhten Geestkerns und sind durch eine Art Ringstraße verbunden. Den Auftakt macht im Osten **Wyk** (4400 Einw.). Am hiesigen Hafen ›bi de Wiik‹, ›an der Bucht‹, landeten Anfang des 19. Jh. die ersten Sommerfrischler, 1819 erfolgte dann die offizielle Ernennung zum *Seebad*. Ein wahrer Boom ging in den Jahren

Lebendiges Zentrum: Hübsch und heiter gibt sich die Wyker Altstadt

1842–48 mit den regelmäßigen Besuchen der dänischen Königsfamilie um Christian VIII. einher, doch nach dem Tod des Herrschers war es damit vorbei. Wieder entdeckt wurde Wyk Ende des 19. Jh. als Erholungsort für kränkliche Großstadtkinder. Der größte Aufschwung erfolgte ab den 1960er-Jahren. Seitdem hat sich Wyk mit Kurpark und Meerwasserwellenbad zu einem Touristenzentrum gemausert.

Stolz ist man auf den *Sandwall*, der als Strandpromenade den schönen *Strand* vom Hafen südwärts begleitet. Hotels, Geschäfte, Restaurants und Cafés säumen die Promenade sowie die landeinwärts gelegenen malerischen Gassen. Hier lädt das *Dr. Carl-Haeberlin-Friesenmuseum* (Rebbelstieg 34, Tel. 046 81/25 71, Juli/Aug. tgl. 10–17, April–Okt. Di–So 10–17, Nov.–März Di–So 14–17 Uhr) zu einem Besuch ein. Als Tor dienen die gewaltigen Kieferknochen eines Blauwals. Im Inneren sieht man die reiche Sammlung von Alltagsgegenständen, Trachten, Gemälden und Grabungsfunden, die der berühmte Arzt der Meeresheilkunde begründete. Auf dem Freigelände stehen eine *Windmühle* von der Hallig Langeneß und das aus dem hiesigen Alkersum stammende Friesenhaus *Olesen* (1617).

Kunterbunter Sommertraum: Zwischen Wyk und Utersum locken 15 km Sandstrand ▷

Vorbei an dem zum Wyker Wahrzeichen avancierten *Glockenturm* (1886) am Hafen geht es zu dem nordwestlich gelegenen Viertel **Boldixum**. Der einstige Hauptort von Föhr erhielt bereits Mitte des 13. Jh. mit *St. Nicolai* eine eigene Kirche. Der helle, mit spätgotischen Deckenmalereien geschmückte Innenraum weist einige wertvolle Ausstattungsstücke auf, allen voran die schlichte *Ei-*

Malerische Ruhe: Der Wyker Hafen besitzt noch den Reiz der Ursprünglichkeit

chenholzstatue (um 1300) des Kirchenpatrons. Der in Gotland hergestellte *Taufstein* ist Originalinventar aus dem 13. Jh., der prächtige *Flügelaltar* mit dem ›Letzten Abendmahl‹ stammt von 1642. Nordwärts kann man einen Abstecher in die grabendurchzogenen Küstenmarschen machen, an deren Ostrand die **Boldixumer Vogelkoje** (April–Okt. Mo–Fr 10–12 Uhr) den Entenfang auch auf Föhr belegt. Heute finden zahlreiche Vögel in der grünen Oase um den Ententeich ein sicheres Refugium.

Fährt man von Boldixum auf der Ringstraße in nordwestlicher Richtung, bietet sich in **Oevenum** ein Stopp beim *Landwirtschaftlichen Museum* (Buurnstraat 48, Tel. 046 81/26 73, April–Okt. Di–So 14–17 Uhr) an. Der alte Bauernhof mit Guter Stube, Knechtkammer und Werk-

Bilderbuchansicht: Pittoreske Häuser und blühende Gärten zieren die Orte Föhrs

stätten zeigt das ländliche Leben früherer Tage.

Viele Besucher zieht es jedoch gleich nach ihrer Ankunft in Wyk westwärts nach **Nieblum**, das schönste Dorf der Insel. Ulmen und Linden säumen schmale kopfsteingepflasterte Straßen mit weißblauen Friesenhäusern in blühenden Gärten, Kapitänsresidenzen des 17./18. Jh. Im Norden erhebt sich die Kirche *St. Johannis*, die wegen ihrer beachtlichen Größe auch Friesendom genannt wird. Der im frühen 13. Jh. entstandene Backsteinbau mit Querschiff und wuchtigem Turm birgt im Inneren einen *Taufstein* (um 1200) mit einem Relief, das vermutlich Herkules' Kampf mit dem Löwen zeigt. Neben dem Chor steht die übermannsgroße polychrome Holzfigur des *hl. Johannes* aus dem 15. Jh. Etwas später entstand der dreiflüglige *Schnitzaltar* mit einer ›Marienkrönung‹, den Meister Ringeling 1487 in Flensburg schuf.

Die dritte bedeutende Kirche auf Föhr ist *St. Laurentii* (tgl. 9–18 Uhr). Sie liegt inmitten der Wiesen und Äcker vor dem Westdorf **Süderende**. Der Ende des 12. Jh. entstandene Bau erhielt seine heutige Gestalt im 16. Jh. Die Deckengemälde im Inneren stammen aus dem 17. Jh. Außerdem gibt es zwei *Taufsteine*, einen romanischen aus Granit und einen marmornen von 1752. Der filigrane dreiflügelige *Schnitzaltar* zeigt innen Christus, Maria und die Apostel in Begleitung des hl. Laurentius. Die schlichte *Kanzel* aus Tannenholz entstand Ende des 17. Jh.

Wer sich nach Strand sehnt, ist in **Utersum** genau richtig. Die feinsandige Küste ist nur wenige Hundert Meter vom historischen Zentrum entfernt und bietet sowohl Strandkorbfreunden als auch sportlicheren Naturen passende Reviere.

Ein schöner Spaziergang führt südwärts über den Utersumer Deich am Kliff entlang zu den *Grabhügeln* von **Hedehusum**, die zu einem über 3000 Jahre alten Gräberfeld gehören. Die letzten Bestattungen erfolgten zur Wikingerzeit (um 1000).

Nördlich von Utersum, in **Dunsum**, kann man sich einer Wattwanderung nach Amrum anschließen. Auch hier gilt die Warnung, unter keinen Umständen allein loszulaufen, selbst wenn man das Ziel deutlich vor Augen hat.

i Praktische Hinweise

Information

Tourismus GmbH, Rathaus, Hafenstr. 23, Wyk auf Föhr, Tel. 046 81/300, Fax 046 81/30 68, www.foehr.de

Imposant: St. Johannis in Nieblum trägt den Beinamen Friesendom

Interessante Schnitzwerke schmücken den Nieblumer Friesendom St. Johannis auf Föhr

Restaurants

Alt-Wyk, Große Straße 4, Wyk, Tel. 046 81/32 12. In der gemütlichen Gaststube des historischen Backsteinhauses schmeckt der Lammrücken nach Großmutters Hausrezept noch mal so gut (Di geschl.).

Klaar Kimming, Traumstr. 10, Witsum, Tel. 046 83/387. Fangfrisch vom Kutter in die Pfanne, so lieben die Gäste hier den Fisch. Die herrliche Aussicht über die Marschwiesen und das Watt, teilweise bis hinüber nach Amrum, gibt's gratis dazu (Di gesch.).

19 Helgoland

Plan hintere Umschlagklappe

›Grün ist das Land, rot ist die Kant', weiß ist der Sand, das sind die Farben von Helgoland.‹

Rund 70 km südöstlich von Sylt liegt Helgoland, ein Felsen inmitten der Nordsee. Und gerade dieser etwas mehr als 2 km^2 große Flecken verzeichnet vor allem im Sommer einen regen Besucherandrang. Das mag am Status eines **Freihafens** liegen, denn in Helgoland kann man sich zollfrei günstig eindecken. Viele Gäste genießen aber auch den schönen Sandstrand, mehr noch schwärmen von der wildromantischen, bis zu 61 m hohen Abbruchkante, die bei entsprechendem Lichteinfall rötlich schimmert.

Geschichte Im Mittelalter fanden Seeräuber auf dem felsigen Eiland in der Nordsee Unterschlupf. Einer der bis heute bekanntesten dieser *Viktualienbrüder* war **Klaus Störtebeker**, dessen Schiff 1402 Kriegskoggen der Hanse vor Helgoland aufbrachten. Der Freibeuter selbst wurde dabei gefangen genommen und

Die Felsen am Klippenrandweg von Helgoland sind Brutkolonie für Tausende Vögel

kurz darauf in Hamburg hingerichtet. In den folgenden Jahrhunderten erhoben der Herzog von Schleswig, der dänische König sowie England und Deutschland Anspruch auf den Vorposten in der Nordsee und umkämpften ihn heftig. Die Anfänge des *Bäderwesens* im frühen 19. Jh. erlebte Helgoland unter britischer Herrschaft. Erst 1890 ging die Insel im Rahmen eines Tauschgeschäfts von Überseegebieten in deutschen Besitz über. Während des Zweiten Weltkrieges bombardierten die Briten ihre frühere Besitzung großflächig und besetzten die zerstörte Insel nach 1945, gaben sie jedoch 1952 an Deutschland zurück. 1960 war der Wiederaufbau abgeschlossen, und seitdem besucht eine ständig wachsende Zahl von Ausflüglern Deutschlands einzige Hochseeinsel, stolze 430 000 waren es im Jahr 2006.

Besichtigung Vom Sylter Hörnum aus sind es etwa 3 Std. mit dem Ausflugsdampfer oder 90 Min. mit dem Schnellboot nach Helgoland. Rings um den **Hafen**, dessen Umfassungsmauer das künstlich aufgeschüttete sandige **Unterland** im Süden der Insel rahmt, warten Duty Free Läden auf Kundschaft. Dahinter nimmt der Ort (etwa 2000 Einw.) den Mittelteil der Insel ein. Helgoland kommt ohne Autoverkehr aus, lediglich einige Elektroautos stehen für wichtige Fahrten

Spektakuläres Wahrzeichen: Die Lange Anna zieht viele Blicke auf sich

Inselpanorama: Vom Oberland überblickt man das Unterland und die Insel Düne

und Transporte zur Verfügung. An der Kurpromenade lädt das **Aquarium** (Tel. 04725/8190, tgl. 11–17 Uhr) mit mehr als 40 Becken dazu ein, Nordseebewohner wie Haie, Rochen und Hummer zu studieren. Folgt man der Kurpromenade weiter ortsauswärts, so erreicht man die Nordseehalle mit dem **Helgoland Museum** (März–Mitte Okt. Di–So 11–15 Uhr, www.museum-helgoland.de). Dort erfährt man einiges über die Geschichte der Insel, in einer der im Hof aufgebauten Hummerbuden wurde ein kleines Briefmarkenmuseum eingerichtet.

Vom Ort aus führen Wege auf das grüne Hochplateau des **Oberlandes**, das auf den Steilklippen, den berühmten *Roten Klippen* von Helgoland, ruht. Der aussichtsreiche **Klippenrandweg** (ca. 1 Std.) führt durch Betonmauern an der Abbruchkante entlang. Von seinem nördlichsten Punkt sieht man dann die 20 m vor der Küste aufragende Felsnadel namens **Lange Anna**. In ihren Nischen haben sich unzählige Trottellummen eingenistet, ein unsicheres Heim, denn die Nordsee nagt beständig an der Felsbasis und höhlt sie aus. Mit Betonfüllungen soll das Zusammenbrechen verhindert werden.

Auf dem Weg zurück ins Unterland genießt man den weiten Blick über die Nordsee und sieht auf die **Düne**, die Helgoland vorgelagerte Sandbank, die bis ins 18 Jh. mit der Insel verbunden war. Heute muss man mit einem Boot übersetzten. In Zentrum der Düne liegt ein kleines Flugfeld, ein Sandstrand lädt zum Sonnen und Baden ein.

Einkaufsbummel mit Flair: In die farbenfrohen Hummerbuden am Hafen, einst Geräteschuppen der Fischer, sind heute kleine Läden eingezogen

i Praktische Hinweise

Information

Kurverwaltung, Lung Wai, Helgoland, Tel. 04725/8080, www.helgoland.de

Einkaufen

Helgoland ist zollfreie Zone, erlaubt sind (ab 17 Jahren) 500 g Kaffee, 2 l Wein oder 1 l Spirituosen, 200 Zigaretten oder 50 Zigarren oder 250 g Rauchtabak. Ferner Andenken im Wert von 178,68 €. Rings um den Hafen gibt es zahlreiche gut ausgestattete Duty Free Shops.

Restaurants

Bielefelder Hof, Lung Wai 43, Tel. 04725/1230. Solide Hausmannskost im Unterland, serviert wird hauptsächlich Fisch, etwa die Helgoländer Dorschpfanne oder der Fischgrillteller mit fünf verschiedenen Nordseefischen, es gibt aber auch Fleisch oder Vegetarisches.

Störtebeker, Steanaker 365, Tel. 04725/622. Bodenständiges Restaurant im Oberland. Spezialitäten sind Helgoländer Knieper, wie die Scheren von Taschenkrebsen hier genannt werden, oder frische Hummer aus dem eigenen Hummerbecken. Es gibt aber auch hausgemachten Labskaus aus gepökeltem Rindfleisch.

Strandhotel ★★★
in Wenningstedt auf Sylt

Endlich Urlaub auf Sylt. Ankommen und glücklich sein. Wind und Wellen, Sonne und Meer genießen. Und den Sylter Strand - 40 km lang. Auf halber Länge liegt Wenningstedt und zentral im Ort unser Strandhotel - nur 150 m oder 5 Gehminuten vom weißen Sand entfernt.
Herzlich willkommen!

Im windgeschützten Garten unseres Hauses finden Sie Ruhe und Abstand vom Stress des Alltags. Sie entspannen im Strandkorb beim Lesen oder Nichtstun, lassen die Wolken ziehen und atmen frische Nordseeluft. Unsere hauseigene Sauna und die kleine Bibliothek stehen Ihnen ebenfalls kostenlos zur Verfügung.
Unsere komfortabel eingerichteten Hotelzimmer sind mit einem Bad (Dusche/WC/Fußbodenheizung), Kabel-TV, Radio, Telefon, Tresor und Kühlschrank ausgestattet. Außerdem können Sie in allen Zimmern kostenlos das Internet per WLAN nutzen. Zusätzlich zu den Einzel- und Doppelzimmern können wir auch Familienzimmer anbieten, die über jeweils zwei separate Schlafzimmer mit insgesamt 3 bis 4 Betten verfügen. Frühstücken wie ein König. Unser kreatives Frühstücksbuffet lässt kaum Wünsche offen und verwöhnt Sie schon am frühen Morgen bis in den späten Vormittag hinein.

"Wir freuen uns auf Ihren Besuch
Ihre Familie Welsch"

Hotel garni
Strandstraße 11 • 25996 Wenningstedt/Sylt
Telefon 04651 98980 • Telefax 04651 989898
www.strandhotel-sylt.com

Sylt aktuell A bis Z

Vor Reiseantritt

ADAC Info-Service:
Tel. 018 05/10 11 12, Fax 018 05/30 29 28 (0,14 €/Min.)

ADAC im Internet:
www.adac.de
www.adac.de/reisefuehrer

Sylt im Internet:
www.sylt.de

Informationen über Sylt, von Attraktionen bis zu Unterkunftsmöglichkeiten, erteilt:

Sylt Marketing, Stephanstr. 6, 25980 Westerland, Tel. 046 51/820 20, Fax 046 51/82 02 22, info@sylt.de

Allgemeine Informationen

Tourismusämter

Tourismus-Service Westerland, Strandstraße 35, 25980 Westerland, Tel. 01 80/500 99 80 (0,14 €/Min), Fax 046 51/998 60 00, www.westerland.de

Tourismusämter und Kurverwaltungen der einzelnen Orte sind unter den jeweiligen ›Praktischen Hinweisen‹ zu finden.

Die wöchentlich erscheinende *›Sylter Rundschau‹* informiert über alle inselrelevanten Begebenheiten. Der *Veranstaltungskalender* kündigt aktuelle Termine an.

Notrufnummern und Adressen

Einheitlicher Notruf: Tel. 112 (auch mobil: Polizei, Unfallrettung, Feuerwehr)

Seenotrettungskreuzer ›Minden‹:
Tel. 046 51/87 03 65

Wasserschutzpolizei List:
Tel. 046 51/87 04 60

ADAC-Pannenhilfe: Tel. 018 02/22 22 22 (rund um die Uhr, 0,06 €/Anruf). Im Mobilfunk ohne Vorwahl.

Österreichischer Automobil Motorrad und Touring Club
ÖAMTC Schutzbrief-Nothilfe:
Tel. 00 43/(0)1/251 20 00

Touring Club Schweiz
TCS Zentrale Hilfsstelle:
Tel. 00 41/(0)224 17 22 20

Gesundheit

Die ärztliche Versorgung auf Sylt ist auch dank der zahlreichen Kureinrichtungen ausgezeichnet. Für Notfälle:

Asklepios Nordseeklinik, Norderstr. 81, Westerland, Tel. 046 51/840

Gezeiten

An der Sylter Westküste beträgt der Tidenhub durchschnittlich 1,80 m. Ebbe und Flut wechseln sich etwa alle 6 Std. ab. Genaue *Gezeitenkalender* halten die Tourismusämter bereit oder sind der Tagespresse zu entnehmen.

Bei Vollmond strömt überdurchschnittlich viel Wasser landeinwärts, es kommt zur sog. *Springflut*, das entgegengesetzte Phänomen zwei Wochen später bei Neumond ist als *Nippflut* bekannt.

Grenzübergänge

Für Bootsausflüge auf die dänische Nachbarinsel Rømø sollte man Personalausweis bzw. Pass mit sich führen.

Anreise

Auto

Umfangreiches **Informations-** und **Kartenmaterial** können Mitglieder des ADAC kostenlos bei den ADAC-Geschäftsstellen oder unter Tel. 018 05/10 11 12 (0,14 €/Min.) anfordern. Außerdem sind im ADAC-Verlag die Auto-Karte *Schleswig-Holstein/Hamburg* (1:200 000), die Länderkarte *Schleswig-Holstein/Hamburg* (1:250 000), der FreizeitAtlas *Schleswig-Holstein/Hamburg* (1:100 000, www.adac.de/karten) sowie der Reiseführer *Schleswig-Holstein*.

Obwohl Sylt seit 1927 durch den Hindenburgdamm mit dem Festland verbunden

Ein schlichtes Flughafengebäude empfängt Syltbesucher nach der Landung

ist, kann man mit dem Auto nicht direkt auf die Insel fahren, sondern muss den DB AutoZug benutzen. Dieser fährt ab in Dortmund, Düsseldorf, Frankfurt/Main-Neu Isenburg, Stuttgart-Kornwestheim oder in Niebüll, der letzten Station vor Sylt. Die Fahrt von der dortigen Autoverladestation nach Westerland dauert ca. 35 Min.

Fahrplanauskunft:

Deutsche Bahn AutoZug,
Tel. 018 05/ 24 12 24 (0,14 €/Min., tgl. 8–22 Uhr), www.dbautozug.de
www.syltshuttle.de

Bahn

Sylt erreicht man bequem mit dem Personenzug. Regelmäßig verkehren von Hamburg Hauptbahnhof bzw. Hamburg Altona IC- und Nahverkehrszüge mit Zwischenhalt in den Orten Husum und Niebüll über den Hindenburgdamm nach Westerland.

Fahrplanauskunft:

Deutschland

Deutsche Bahn, Tel. 118 61 (persönliche Auskunft, gebührenpflichtig),
Tel. 08 00/150 70 90 (sprachgesteuert, kostenlos), www.bahn.de

Österreich

Österreichische Bundesbahn,
Tel. 05 17 17, www.oebb.at

Schweiz

Schweizerische Bundesbahnen,
Tel. 09 00 30 03 00, www.sbb.ch (gebührenpflichtig)

Flugzeug

Das ausgedehnte Flughafenareal von Sylt liegt im Zentrum der Insel zwischen Westerland, Wenningstedt und Keitum. Hier landen das ganze Jahr über Privat- und Kleinflugzeuge, auch die Luftfahrtgesellschaft Sylt Air pendelt in der Saison mit kleineren Passagiermaschinen zwischen Sylt und Hamburg (teils mehrmals täglich) bzw. Berlin (mehrmals wöchentlich).

SFG Sylter Flughafen,
Tel. 046 51/92 06 12,
www.flughafen-sylt.de oder
www.flugplan-sylt.de

Sylt Air, Flughafen, Westerland,
Tel. 046 51/78 77, Fax 046 51/92 97 07,
www.syltair.de

Schiff

Das ganze Jahr über verbindet eine Autofähre den Hafen Havneby auf der dänischen Insel Rømø mit List auf Sylt. Die Überfahrt dauert ca. 50 Min. Information und kostenlose Reservierung:

Rømø-Sylt Linie (RSL), Am Fähranleger, List, Tel. 018 03/10 30 30 (0,09 €/Min.), Fax 046 51/864 30, www.syltfaehre.de oder Havneby, Tel. (00 45) 73 75 53 03, Fax (00 45) 73 75 53 05

Bank und Post

Bank

Banken sind in der Regel Mo–Fr 8.30–12.30 und 14–16 Uhr geöffnet. Bankfilialen mit Geldautomaten findet man in allen größeren Orten auf Sylt.

Post

Öffnungszeiten sind meist Mo–Fr 8–12 und 14–18, Sa 8–12 Uhr. Postämter gibt es in Westerland, Kampen, Rantum und Hörnum, in kleineren Orten fungieren häufig Geschäfte als Postagenturen.

Hauptpost, Kjeirstr. 17, Westerland, Tel. 018 02/33 33

Süßes Souvenir: Sylter Kiesel und ähnliche Leckereien sind beliebte kleine Andenken

Einkaufen

Obwohl die Insel Sylt eher klein ist, sind ihre Einkaufsmöglichkeiten ausgesprochen üppig. Beliebte Shopping-Adresse ist die *Friedrichstraße* in **Westerland**, die autofreie Flaniermeile der Hauptstadt. Hier bekommt man vom Surfbrett bis zur Regenjacke alles, was man auf Sylt braucht – und von der Bernsteinkette bis zum Designersofa alles, was das Leben schöner macht. Es reihen sich Andenkenläden, Apotheken, Schmuckgeschäfte, ein Teppichhändler, Nobelboutiquen und Schnäppchenmärkte aneinander. Der Fischhändler Gosch darf natürlich auch nicht fehlen. In der Westerländer Fußgängerzone besitzt er sogar zwei Filialen, erweitert man den Einkaufshorizont um die Seitenstraßen und zur parallelen *Strandstraße* hin. Dort bietet sich der Kauflust weitere Anregung: Antiquitätenläden, Pelzmoden und Trendgeschäfte und im schmalen Durchgang parallel zur *Neuen Straße* der nette Trödelmarkt. In der vor allem abends gut besuchten *Paulstraße* lockt eine ganze Reihe von Restaurants und Bars.

Exklusiver geht es in **Kampen** zu, in dessen schmuckem Ortskern man von Armani bis Zaza alles kaufen kann, was gut und teuer ist. Keine Edelmarke fehlt im Reigen der hübsch ausgestatteten ebenerdigen Geschäfte unter den tief herunter gezogenen Reetdächern, die Preise sind entsprechend. Dazwischen mischen sich zahlreiche Galerien, die häufig nationale und im Besonderen norddeutsche Künstler präsentieren.

Selbst eingefleischten Konsummuffeln gefällt ein Bummel durch die adretten Gassen von **Keitum** mit seinen vielen reizenden Kunsthandwerksládchen. Fröhlich, bunt und mit einem alternativen Touch findet man hier Keramik und Töpferwaren aus eigener Herstellung, geschmackvolle Webteppiche von Meisterinnenhand, Strickwaren und Lodenzeug. Steinskulpturen und Holzarbeiten lokaler Künstler sind ebenso dabei wie schicke Mode finnischer Designerinnen aus Naturmaterialien.

Das etwas andere Sylter Mitbringsel: Nautiquitäten am Hafen von List

Essen und Trinken

Seinem exklusiven Ruf entsprechend kann man auf Sylt ausgezeichnet speisen. Nirgendwo sonst in Deutschland sind auf gleicher Fläche so viele erstklassige und einfallsreiche Köche versammelt wie auf der kleinen Nordseeinsel, die Liste der michelinsternbekrönten Restaurants ist lang. Doch auch ohne Stern wird herausragende Qualität in den meisten Restaurants und Gasthöfen Sylts groß geschrieben, egal, ob der Gast mit internationaler Küche oder herzhafter Regionalkost verwöhnt wird.

Naturgemäß zählen Fischgerichte und Meeresfrüchte zu den kulinarischen Rennern, werden sie doch meist frisch und in besonderer Vielfalt zubereitet. Auf Sylt umfasst die reichhaltige Speisenpalette frische Austern mit einem Spritzer Zitrone ebenso wie **Pannfisch**, also Scholle, Steinbeißer oder andere in der Pfanne gebratene heimische Fische. Beliebt sind auch bunt gemischter Labskaus, sämige Bouillabaisse, gratinierter Glattbutt, reich bestückter Scampi-Spieß, Atlantik-Hummer und vieles mehr aus dem Meer.

Auch Fleisch mag man auf Sylt getrost bestellen, vorausgesetzt es stammt von den Galloway-Rindern oder Schafen, die auf den saftig grünen Wiesen der Insel weiden. Eine herausragende Spezialität ist das **Deichwiesenlamm**, dessen zartes Fleisch seiner Futterquelle entsprechend bereits von Natur aus einen aromatischen, leicht salzigen Geschmack aufweist. Zu Beginn des Herbstes wird auch gern **Birnen, Bohnen und Speck** serviert, ein traditionelles Gericht aus eben diesen Zutaten, das die Inselbewohner wohl schon vor mehr als 100 Jahren so aßen.

Bereit für Feinschmecker: Restaurant des Lindner Hotel Windrose in Wenningstedt

Zum Nachtisch sieht man sich einer Vielzahl von Verlockungen gegenüber, von denen **Rote Grütze** und **Friesentorte** wohl die ursprünglichsten sind. Die leicht säuerlich schmeckende Grütze wird aus Kirschen, Erdbeeren, Himbeeren und Blaubeeren zubereitet. Die Torte ist eine aparte Komposition aus Blätterteig und Sahne, gehaltvoll und leicht zugleich.

Genau das Richtige für wind- und wettergeprüfte Spaziergänger bieten flüssige ›Aufwärmer‹ für kalte Tage. Neben dem allseits bekannten Grog sowie Tee mit Rum kann man auf Sylt auch **Tote Tante** bestellen: heiße Schokolade mit Rum und Sahnehaube.

Feste und Feiern

Feiertage

Gesetzliche Feiertage sind 1. Januar (Neujahr), Karfreitag, Ostermontag, 1. Mai (Tag der Arbeit), Christi Himmelfahrt, Pfingstmontag, 3. Oktober (Tag der Deutschen Einheit), 31. Oktober (Reformationstag), 25./26. Dezember (Weihnachten).

Feste

Februar

Am 21. Februar ziehen Insulaner und Touristen nach Einbruch der Dunkelheit mit Fackelzügen zu den *Biikeplätzen* in den Dünen bei Westerland und anderen Inselorten. Dort wird nach altem, noch aus vorchristlicher Zeit stammendem Brauch mit hoch lodernden **Biikefeuern** [s. S. 28] der Winter vertrieben .

Mai/Juni

Morsum, Keitum, Archsum: Farbenfrohe Veranstaltungen sind die **Ringreiterturniere** [s. S. 87] in den Dörfern der Gemeinde Sylt-Ost. Beginnend mit dem Pfingstsonntag wetteifern die Reiter der acht Sylter Vereine jedes zweite Wochenende um die Königswürde.

Juli

Kampen: Ein Spaß für die ganze Familie ist die *Donaldson Beach Challenge* Ende Juli. Anlässlich dieses Modellier-Wettbewerbs entstehen aus Wasser und Sand

Der kleine Anfang des großen Gosch: Am Lister Hafen eröffnete er die erste Imbissbude

Vom Maurer zum Millionär

Zu Berühmtheit und kulinarischen Ehren gelangte in den 1970er-Jahren der Sylter Imbissbesitzer **Jürgen Gosch** (* 1941 in Tönning). Der gelernte Maurer hatte zunächst ab 1970 als Nebenerwerb in Westerland Krabben und Fisch verkauft. Die Leute mochten seine Ware ebenso gern wie seine flotten Sprüche und bald war die Nachfrage so groß, dass Gosch von einem umgebauten Kastenwagen aus auf der ganzen Insel verkaufte. 1973 schließlich bezog er einen festen Stand am Lister Hafen, die Eröffnung weiterer zehn Filialen auf ganz Sylt folgte im Laufe der nächsten Jahre.

Hand in Hand mit dem Aufstieg von Jürgen Gosch erlebte auch das einfache Fischbrötchen einen Höhenflug und wurde gesellschaftsfähig. Dies ist der große Verdienst und zugleich das Erfolgsrezept des einstigen Maurers. An seinen Stehtischen trafen und treffen sich Arm und Reich, Alt und Jung auf ein Schälchen Krabben – mit Sekt oder Jever ganz nach Gusto. Freilich wurde das Angebot inzwischen erheblich ausgeweitet und heute liest sich die Speisekarte ›bei Gosch‹ eher wie ein Kompendium internationaler Fischspezialitäten.

Obwohl gewissermaßen ein Star ist ›Jönne‹ an so manchen Tagen noch höchstpersönlich hinterm Tresen seines ersten Ladens in List zu sehen. Berühmt ist auch seine mehrachsige Stretch-Limousine mit dem markanten Firmenlogo (roter Hummer auf weißem Grund), um deren getönte Scheiben sich stets eine ganze Traube von Schaulustigen drängt. Man kann das Luxusgefährt übrigens auch mieten, komplett mit Chauffeur, Champus, ausfahrbarem Garnelengrill und leckerstem Grillgut, versteht sich (Auskunft bei jedem Gosch-Imbiss).

am Roten Kliff fantasievolle Skulpturen, prächtige Strandburgen und andere vergängliche Kunstwerke.

Wenningstedt: Vergnüglich für Jung und Alt ist auch das *Dorfteichfest* am letzten Juliwochenende: Tagsüber schwimmen Modellschiffe auf dem Teich um die Wette, abends gibt es Musik und Tanz im Zelt.

Keitum: Bei den *German Polo Masters* treten die besten deutschen Polo-Mannschaften gegeneinander an – packender Sport und gut betuchtes Publilkum treffen dabei aufeinander.

Nur beim Donaldson Beach Challenge in Kampen erlaubt: Skulpturen- und Sandburgenbau

August

List: Mitte des Monats bietet das *Lister Hafenfest* zehn Tage lang Rummel und Trubel. Zu essen gibt es Fisch in allen Variationen, von Lachs-Tartar bis Paella, es singt der Sylter Shanty Chor, für die Kinder gibt es Zuckerwatte und Karussellbetrieb.

Tinnum: Beim *Sylt-Festival* werden auf der Festwiese von Tinnum Musik, Kleinkunst, eine Kinderwelt und allerlei Leckereien geboten.

Oktober

Morsum: Wie auf einem bunten Bazar fühlen sich Besucher am Wochenende des jährlichen *Morsumer Herbstmarktes*.

Dezember

Westerland: Unter den staunenden Blicken zahlreicher Schaulustiger stürzt sich seit 1985 jedes Jahr beim *Westerländer Weihnachtsbaden* am 26. Dezember eine Handvoll unerschrockene Schwimmer im Neoprenanzug, lustig kostümiert oder einfach wie Gott sie schuf in die eiskalten Fluten der Nordsee. Dass die Stimmung bei diesem Event hoch kocht, liegt nicht nur am Punsch, der in Strömen fließt.

Klima und Reisezeit

Sein berühmtes Reizklima verdankt Sylt in erster Linie dem meist wehenden Westwind, der frische, klare, jodhaltige Luft vom Atlantik herbeiführt. Als zusätzlicher Pluspunkt zählen die 1750 Sonnenstunden im Jahr, die Sylt neben dem Schwarzwald zur sonnenreichsten Region Deutschlands machen. Das maritime Klima und die beständigen Winde sorgen für mäßig warme Sommer und meist milde Winter, in denen es nur selten schneit. Informationen zum aktuellen **Sylt-Wetter** unter Tel. 046 51/87 10 98.

Klimadaten Sylt

Monat	Luft (°C) min./max.	Wasser (°C)	Sonnen-std./Tag	Regen-tage
Januar	-1/ 3	4	2	12
Februar	-2/ 2	3	3	9
März	0/ 5	4	4	8
April	4/10	6	6	8
Mai	8/12	10	7	7
Juni	11/18	13	9	7
Juli	14/19	17	7	10
August	14/20	17	7	12
September	12/17	15	5	12
Oktober	8/12	13	3	13
November	4/ 8	9	2	13
Dezember	5/ 1	6	2	13

Kultur live

Kulturell ist auf Sylt erstaunlich viel geboten, von **Theateraufführungen** lokaler Laienspielgruppen im Großen Kursaal von Westerland bis zum renommierten Kampener Literatursommer. In Sachen Heimatpflege kommt der **Söl'ring Foriining** (Sylter Vereinigung) eine Schlüssel-

Manege frei für die Kurzen

Während des Gastspiels des InselCircus bietet sich jungen Fans Gelegenheit, den Zirkusalltag aus nächster Nähe kennen zu lernen: Beim **MitmachCircus** können sich Kinder ab sechs Jahren einmal selbst in der Manege erproben – nach entsprechendem Training natürlich (Anmeldung über Kurverwaltung Wenningstedt, Tel. 0 46 51/44 70, Proben jeweils Mo – Do 10 – 13 Uhr, Premiere Fr 17 Uhr. Viel Spaß macht auch das **Wohnen im Zirkus:** Interessierte Kinder ab neun Jahren dürfen eine Woche lang von morgens bis abends ohne die Eltern am Leben einer Artistenfamilie teilnehmen (Anmeldung direkt bei Circus Mignon, Tel. 0 40/32 08 28 02).

rolle zu, die sich u.a. mit Museumsarbeit, Archivierung und Vorträgen um Brauchtum und die inseltypische friesische Sprache verdient macht.

Ein außergewöhnlicher Glücksfall ist es für Sylt, dass der gebürtige Dresdner **Matthias Eisenberg** (*1956) die Insel als seine neue Heimat wählte. Der international geschätzte Musiker war lange Zeit als Solist am Gewandhaus in Leipzig tätig und wirkt seit 1992 als Organist der Kirchengemeinde von St. Severin in Keitum. Hier ist er regelmäßig bei Konzerten zu hören.

Eine weitere Inspiration ist der **Kunst: Raum** im markant runden Quellenhaus der Sylt-Quelle in Rantum Hafen. Überraschendes und Provokantes ist hier zu sehen, spannende moderne Kunst aus Südafrika, Australien, Deutschland. Firmenchefin Indra Wussow selbst wählt die Kunstwerke aus, die hier für Aufsehen sorgen dürfen. Auch die regelmäßig im darunter liegenden Bistro stattfindenden Lesungen und Begegnungsabende sind eine Bereicherung – nicht nur der Sylter Kunstszene.

Jedes Jahr Anfang Juli bis Ende August bietet der **Kampener Literatursommer** anspruchsvolle und interessante Vorträge, Lesungen und Diskussionen. Weiteres kulturelles Highlight ist die in *Kampen* 2003 eingeführte **Klassikwerkstatt**, die an diversen Sommerabenden im Kamp Hüüs Konzerte gibt (Informationen beim Tourismus-Service Kampen, S. 51).

Im Rahmen des **Schleswig-Holstein Musikfestivals** kann man u.a. in der Kirche St. Severin in *Keitum* Orgelkonzerte von Matthias Eisenberg hören.

Clownerie, Akrobatik und andere zirzensische Attraktionen bieten hochkarätige internationale Kinder- und Jugendzirkusse im **InselCircus** (1. Juli–31. Aug. tgl. 18 Uhr, Premieren jew. So) nahe dem Sportplatz Wenningstedt. Dazu gehören ein Rummelplatz und das Zeltrestaurant ›Pizza und Pasta‹ (Karten- und Tischreservierung Tel. 046 51/29 94 99).

Seit mehr als zehn Jahren ist das beliebte **Meerkabarett** (7. Juli–7. Sept.; www.meerkabarett.de) auf dem Gelände der Sylt-Quelle in Rantum mit Satire und Komödie erfolgreich. Hier geben sich die Großen des deutschen Kabaretts von Götz Alsmann bis Marlene Jaschke die Ehre.

Kuren

Das **Kuren** hat auf Sylt Tradition. Schon seit Ende des 19. Jh. suchen Urlaubsgäste in der gesunden Reizluft und beim Brandungsbaden Linderung ihrer Haut- und Atemwegsbeschwerden. Entsprechende Anwendungen bieten alle Sylter Kurorte, in vielen Hotels erhält man Massagen, Soleinhalationen und Kneippgüsse, mitunter stehen dafür auch kommunale Kurmittelhäuser zur Verfügung. Für den Erfolg der sprichwörtlich ›guten Sylter Luft‹ sprechen auch die vielen Kinder- und Erholungsheime, die etwa Arbeiterwohlfahrt oder Müttergenesungswerk auf der Insel betreiben.

Seit einigen Jahren ist jedoch ein Trend weg vom ärztlich verordneten Kuraufenthalt hin zum **Wellnessurlaub** zu be-

Syltness ist das Motto: Entspannung und Wohlgefühl in Tinnums Landhaus Stricker

merken. Statt funktionaler Kachelbäder erwarten den Gast zunehmend einladende ›Wohlfühloasen‹, die den Aufenthalt in Schwimmbad oder Sauna zum Erlebnis werden lassen. Anschaulich kann man diese Entwicklung beim *Westerländer Syltness Center* verfolgen, dass neben klassischen Kuranwendungen nun auch Kursangebote in licht- und luftdurchfluteten Gymnastikräumen anbietet, im Rassuhl-Dampfbad morgenländische Massagewohltat verspricht und von Heubad bis Solarium alles für Gesundheit, Schönheit und Wohlbefinden bereithält.

Doch zu welchem Zweck auch immer man sich auf Sylt aufhält, pro erwachsenem Gast (ab 18 Jahre) und Tag ist eine **Kurabgabe** bzw. **Kurtaxe** fällig, die u. a. zum Betreten der Strände berechtigt und bei Veranstaltungen oft für günstigeren Eintritt sorgt. Tagesgäste dürfen die Strände nur mit einer **Tageskarte** betreten, die an den Dünenübergängen zu kaufen ist. Für Syltbesucher, die länger als 28 Tage im Laufe eines Jahres auf der Insel verweilen wollen, lohnt es sich, bei den Kurverwaltungen eine **Jahreskurkarte** zu beantragen; dazu ist ein Passbild nötig. Schwerbehinderte ab 80 % GdB und ihre Begleitpersonen erhalten Ermäßigung.

Nachtleben

Nachtschwärmer kommen bei der Vielfalt Sylts an Ausgehmöglichkeiten sicher auf ihre Kosten. Empfehlenswerte Adressen sind bei den Ortsbeschreibungen unter den ›Praktischen Hinweisen‹ aufgeführt.

Vor allem **Kampen** genießt seit Jahrzehnten den Ruf als Spitzenreiter im Wettbewerb um die coolsten Bars und heißesten Locations. Von der legendären *Buhne 16* am dünengesäumten Weststrand bis zu der berühmt-berüchtigten *Whisky-Meile*, wie der Strönwai genannt wird, bieten zahlreiche Bars, Clubs und Discos etwas für jeden Geschmack. Freilich feiert man in Kampen nach wie vor nach der Devise: Wenn's was sein soll, dann kostet es auch was!

Eine Alternative bieten mittlerweile längst auch die anderen Inselorte, wobei in ›Familienorten‹ wie Rantum oder List weniger los ist als beispielsweise im Inselzentrum **Westerland**. Neben einem reichen Angebot an sommerlichen Beach Parties und phonreich beschallten Diskotheken findet hier auch die Gay Scene die größte Auswahl an Ausgehmöglichkeiten.

Distinguierter geht es im **Spielbank Westerland** (Kurhaus Westerland, Andreas-Nielsen-Str. 1, s. S. 25) zu, das zu Roulette und Black Jack einlädt. Zusätzlich zu diesem ›Großen Haus‹ bietet das kleinere **Strandcasino** [s. S. 26] an der Westerländer Strandpromenade Unterhaltung bei Automatenspielen.

Naturschutzgebiete

Nicht weniger als elf Natur- und Landschaftsschutzgebiete sind auf Sylt ausgewiesen. Von Süd nach Nord sind dies die Naturschutzgebiete (NSG) *Hörnum Odde* mit einer Fläche von 157 ha, *Rantumer Dünen* (397 ha) und *Baakdeel* (242 ha) beim *Rantumbecken*, das mit 597 ha selbst ebenfalls ein Naturschutzgebiet ist, das *NSG Morsum Kliff* (43 ha) und *Braderuper Heide* (137 ha), die *Dünenlandschaft auf dem Roten Kliff* (177 ha), das *NSG Nielönn*, ein 64 ha großes Brackwasser- und Zwischenmoor-Biotop nördlich von Kampen, das *NSG Kampener Vogelkoje* (10 ha), das Seevogelschutzgebiet *Lister Koog* (18 ha) sowie als größtes das *NSG Nord-Sylt*, dessen 1796 ha Fläche fast den gesamten Nordteil der Insel vom Ellenbogen bis zum Ende des Roten Kliffs bei Kampen abdecken.

Gemeinsam umfassen die Naturschutzgebiete auf Sylt etwas mehr als 30 km^2, das entspricht etwa einem Drittel der Inselfläche. Dazu kommen rund 15 km^2 Landschaftsschutzgebiete sowie einzelne Küstenabschnitte und ein Großteil der Gewässer um Sylt, die zum *Nationalpark Schleswig-Holsteinisches Wattenmeer* [s. S. 56] zählen. Sie alle sind lohnende Ziele für die Erkundung inseltypischer Flora und Fauna. Viele der geschützten Gebiete lassen sich selbstständig erwandern, oft werden auch geführte Touren angeboten. Generell gilt, die ausgeschilderten Wege nicht zu verlassen und Hinweise auf Schutzzonen sowie Brutgebiete zu beachten. Weitere Auskünfte erteilen:

Naturschutzgemeinschaft Sylt, M.-T.-Buchholz-Stig 1, Braderup, Tel. 046 51/444 21, Fax 046 51/464 33, www.naturschutz-sylt.de

Verein Jordsand, Eidum Vogelkoje, Rantum, Tel. 046 51/58 12

Naturerkundung mit dem Drahtesel: 170 km Radwege erschließen die Sylter Landschaft

Schutzstation Wattenmeer, Naturkundliches Infozentrum, Rantumer Str. 27, Hörnum, Tel. 046 51/88 10 93, www.schutzstation-wattenmeer.de

Söl'ring Foriining, Am Kliff 19 a, Keitum, Tel. 046 51/328 05, Fax 046 51/ 328 84, www.soelring-foriining.de.

Sport

Angeln

Sylt bietet zahlreiche reizvolle Möglichkeiten zum Angeln. Voraussetzung ist ein gültiger **Bundesfischereischein** sowie ein **Angelerlaubnisschein**, der erhältlich ist bei den *Tourismusvereinen* der Gemeinden, im *Spar-Markt Johannsen* am westlichen Ortsrand von Tinnum (Kampende 11), beim Kaufhaus HB Jensen in Westerland sowie im *Hörnumer Angelshop* (Rantumer Str. 25).

Karpfen, Schleien, Weißfische, Hechte, Barsche und Aale findet man im **Siel** zwischen Tinnum und Morsum. Auch in der knapp 50 000 m² großen **Nösse-Kuhle** gibt es Karpfen, Barsche und Hechte, ebenso im **Katrevel**, einem kleinen See nahe der Morsum Odde beim Nössedeich. Dagegen birgt der **Anglersee** am sog. Kleinen Rantumbecken, der nur von der Deichseite her beangelt wird, neben Karpfen hauptsächlich Zander und Aale. Im **Meer** angeln Petrijünger von einem ruhigen Fleckchen an der rund 40 km langen Westküste aus vor allem Plattfische, Hornhechte und Makrelen.

Fallschirmspringen

Einen Tandemsprung können auch Neulinge wagen, denn ein erfahrener Fallschirmspringer ist stets mit von der Partie. Absprunghöhe ist 2700 m, der freie Fall dauert 30 Sek., der Flug am geöffneten Fallschirm zur Erde 8 Min.

Seventh Sky, Flughafen, Westerland, Tel. 046 51/12 11 oder 01 73/216 01 21, www.seventhsky.de, April–Okt. Sa/So, abhängig vom Wetter.

Golf

Der kleine 9-Loch Axel-Springer-Golfplatz am Wäldchen in Morsum ist nur Mitgliedern und deren persönlichen Gästen vorbehalten. Zwei weitere Sylter Golfclubs öffnen ihre Greens auch auswärtigen Spielern:

Golf-Club Sylt, Flughafen, Tel. 046 51/995 98 10, Fax 046 51/455 26, www.golfclubsylt.de. Auf der schönen 18-Loch-Anlage hat man den markanten schwarz-weißen Kampener Leuchtturm immer im Blick.

Marine Golf Club Sylt, Flugplatzgelände, Tel. 046 51/92 75 75, Fax 046 51/92 71 55, www.golf-sylt.de. Der 18-Loch-Platz auf dem ausgedehnten Gelände des Sylter Flughafens wurde durch den schottischen Golfarchitekten Ken Moody u. a. mit künstlichen Dünen von 3–50 m Höhe erweitert.

Kite Surfen

Blitzschnell flitzen sie auf ihren kleinen Brettern über die Wellen, gezogen von einem bunten Lenkdrachen, der selbst die geringste Luftströmung noch in rasante Geschwindigkeit umsetzt. Die Kite Surfer sind der neueste Blickfang vor Sylts Küsten, Unterricht im drachenunterstützten ›Wellentanz‹ erteilen die meisten Surfschulen. Ende Juli findet am Brandenburger Strand in Westerland ein Wettkampf der **German Kitesurf Trophy** (www.kitesurf-trophy.de) statt, spektakuläre Sprungeinlagen sind dabei garantiert.

Laufen

Kilometerweite **Strandläufe** und **Joggingtrails** auf der Deichkrone sowie **Trimm-Dich-Strecken** nördlich Westerlands oder in dem Wäldchen zwischen Wenningstedt und Kampen können Sylturlauber das ganze Jahr über genießen.

Regatta für Segelfans: Catamaran Cup am Brandenburger Strand von Westerland

Etwas Besonderes ist dagegen der alljährlich im März stattfindende **Syltlauf** von Hörnum bis List. Rund 1300 Teilnehmer gehen in der Regel an den Start, um innerhalb von vier Stunden die 33,3 km lange Strecke zu bewältigen. Für den lockeren Charakter der beliebten Veranstaltung spricht die schon traditionelle Nudelparty am Vortag im Großen Kursaal in Westerland. Informationen und Anmeldung bei:

TSV Tinnum 66, Neues Sportzentrum Sylt-Ost, Tel. 046 51/325 66, www.syltlauf.de

Radfahren

Auf dem Drahtesel kann man Sylt ausgezeichnet erkunden, 4600 Leihräder stehen zur Verfügung, 170 km **Radwege** führen in – beinahe – jeden Winkel der Insel. Einen Überblick gibt die ›Urlaubskarte Sylt – Fahrrad- und Wanderkarte‹ (1:50 000), die bei den Tourismusämtern erhältlich ist. An **Leihrädern** jeglicher Ausführung und Bauart herrscht ebenfalls kein Mangel, meist sind Bring- und Holservice sowie Pannenhilfe, manchmal sogar Kindersitze, Anhänger oder Hundekörbchen im Preis inbegriffen. Adressen der Fahrradverleihe sind bei den Ortsbeschreibungen unter den ›Praktischen Hinweisen‹ aufgeführt.

Reiten

Wenn man hoch zu Ross durch die Brandung galoppiert, werden Reiterträume wahr (Mitte Mai–Sept. jedoch aus Rücksicht auf Badegäste verboten). Aber auch Ausritte durch blühende Heide oder wüstenähnliche Dünenlandschaft sind ausgeprochen reizvoll. Das Angebot an Reitstunden und organisierten Ausritten,

Unvergessliches Erlebnis: auf dem Pferderücken zwischen Strand und Brandung

teils auch mit Unterkunft, ist auf Sylt entsprechend groß. Adressen von Reiterhöfen finden sich bei den Ortsbeschreibungen unter den ›Praktischen Hinweisen‹ sowie im Sylter Gastgeberverzeichnis [s. S. 127].

Schwimmen

Ob man sich in der Nordsee zu mehr als **Brandungsbaden** hinreißen lässt, liegt wohl meist an der persönlichen Fröstelgrenze, die **Wasserqualität** an Sylts Küsten ist jedenfalls ausgezeichnet. Wer sich in die kühlen Fluten stürzt, sollte dies jedoch nur an den von Rettungsschwimmern überwachten Strandabschnitten und nur bei auflaufendem Wasser tun. Unterströmungen und Strudel sind nicht zu unterschätzende Gefahren. Auch das Springen von Buhnen oder Wellenbrechern sollte man unterlassen. Zudem sollte man bei Ostwind auf das Bad verzichten, da sich dann gerne Quallen im Wasser tummeln.

Eine Alternative bei jedem Wetter bietet das Freizeit- und Erlebnisbad **Sylter Welle** [s. S. 25] in Westerland mit Innen- und Außenbecken sowie weitem Blick über die Nordsee.

Segeln

Vom Dingi bis zum Doppelrumpfboot findet man auf Sylt alles, was ein Segel hat. Ein bisschen Erfahrung sollte man freilich mitbringen, wenn man die oft aufgewühlte offene Nordsee befahren will. Wer es etwas gemächlicher angehen möchte, findet zwischen den Nordseeinseln meist ruhigere Segelreviere.

Eine beliebte Veranstaltung, die jährlich im August zahlreiche Segelfans anzieht, ist die Regatta **Super Sail Sylt** vor Westerland, die vom **Sylter Catamaran Club Hörnum**, Hafenstraße 10 (unterhalb des Leuchtturms), Tel. 04651/22843 veranstaltet wird.

Surfen

Ende September messen die besten Windsurfer der Welt beim **Surf World Cup** vor Westerland ihre Kräfte. Tausende von Zuschauern verfolgen vom Strand aus die kühnen Wellenreiter und ihre spektakulären Sprünge. Für alle Nichtprofis bieten Surfschulen vor Ort, deren Adressen bei den Ortsbeschreibungen unter den ›Praktischen Hinweisen‹ genannt sind.

Fahrradpause: Durch den weichen Sand am Strand entlang geht's besser zu Fuß

Wandern

Das Wandern ist auf Sylt nicht nur des Müllers Lust. Mann kann sogar die ganze Insel entlang ihrer rund 100 km langen Küste zu umrunden. Besonders lohnende Teilstücke sind etwa die **Hörnum Odde**, der Lister **Ellenbogen** und der gesamte **Weststrand** dazwischen, 40 km ununterbrochene Weite, stets begleitet von der unermüdlich anbrandenden Nordsee und zwischen Wenningstedt und Kampen akzentuiert durch das Rote Kliff. Von anderem Reiz ist die grünere **Ostküste** mit dem weiten ruhigen Wattenmeer, die sich um Keitum besonders lieblich präsentiert. Auch eine Wanderung durch die **Braderuper Heide** ist sehr schön, vor allem zur Blütezeit im Frühjahr. Wer auf seinen Streifzügen gerne Vögel beobachten möchte, ist rund um das **Rantumbecken** sowie auf dem **Nössedeich** gut aufgehoben.

Statistik

Lage: Sylt ist die nördlichste deutsche Insel. Sie gehört zum Bundesland Schleswig-Holstein, liegt nahe der deutsch-dänischen Grenze in der Nordsee, ist jedoch seit 1927 durch den Hindenburgdamm mit dem nur knapp 2 km entfernten Festland verbunden.

Fläche: Mit einer Fläche von rund 98 km^2 ist Sylt die größte deutsche Nordseeinsel sowie nach Rügen, Usedom und Fehmarn die viertgrößte deutsche Insel überhaupt.

Einwohner: Knapp 21000 Menschen leben ständig auf Sylt, dazu kommen noch einmal so viele Zweitwohnungsbesitzer. Die größten Ortschaften sind Westerland (9400 Einw.), List (2900 Einw.) und Tinnum (2500 Einw.).

Verwaltung: Verwaltungszentrum ist Westerland, regiert wird jedoch vom festländischen Husum aus. Die sieben Gemeinden auf der Insel sind Westerland, Wenningstedt-Braderup, Kampen, List, Sylt-Ost (umfasst Tinnum, Keitum, Munkmarsch, Archsum und Morsum), Rantum sowie Hörnum.

Wirtschaft: Die Sylter leben so gut wie ausschließlich vom Tourismus, zu dem auch ein reger Kurbetrieb beiträgt. Knapp die Hälfte der jährlich rund 650 000 überwiegend deutschen Gästen verbringt den Urlaub in Westerland, etwa 15 % in Wenningstedt. Auf die Gemeinden Sylt-Ost, Rantum, Hörnum, Kampen und List entfallen je rund 8 %. Der einst so wichtige Fischfang spielt keine Rolle mehr, Industrien im eigentlichen Sinne gibt es nicht. Auch die wenigen produzierenden Gewerbe – Strandkorbherstellung, Mineralwasserförderung, Austernzucht und Kunsthandwerk – hängen zumindest indirekt vom Fremdenverkehr ab.

Während des Sommers besteht vor allem in der Gastronomie und im Hotelgewerbe starker Bedarf an qualifizierten Arbeitskräften. Dann pendeln zahlreiche Saisonarbeiter vom schleswig-holsteinischen Festland her zur Arbeit auf die Insel. Wenn es im Winterhalbjahr etwas ruhiger wird, kann die Arbeitslosenquote auf Sylt auf bis zu 12 % ansteigen.

Ein Problem ist, dass viele Ferienhäuser und -wohnungen den Großteil des Jahres leer stehen, sodass mitunter schon vom ›Ausverkauf Sylts‹ die Rede ist. Andererseits treiben die enorm hohen Grundstücks- und Immobilienpreise immer mehr Insulaner aufs Festland. Vor allem Familien können sich ein Leben auf ihrer Heimatinsel oft nicht mehr leisten.

Unterkunft

Die **Buchung** von Hotels, Ferienwohnungen und -häusern sowie Privatzimmern ist über die Tourismusämter der einzelnen Orte (s. ›Praktische Hinweise‹) möglich sowie unter www.sylt.de. Ein komplettes **Gastgeberverzeichnis** ist erhältlich bei **Sylt Marketing** [s. S. 127].

Camping

Die sieben Campingplätze Sylts sind alle gut ausgebaut und in Strandnähe, entsprechend begehrt ist diese vergleichsweise günstige Unterkunftsmöglichkeit. Vor allem für die Hauptsaison ist eine frühzeitige Vorbestellung daher empfehlenswert. Adressen sind bei den Ortsbeschreibungen unter den ›Praktischen Hinweisen‹ aufgeführt.

Eine detaillierte Beschreibung der Campingplätze bietet der jährlich aktualisierte **ADAC Camping Caravaning Führer**, Band Nordeuropa (auch als CD-ROM), der im Buchhandel oder bei den ADAC-Geschäftsstellen erhältlich ist (www.adac.de/camping).

Ferienhäuser und -wohnungen

Gerade für Familien und bei längeren Aufenthalten sind Ferienhäuser und -wohnungen eine attraktive und oft preisgünstige Unterkunftsmöglichkeit. Das Angebot ist umfassend und reicht vom vergleichsweise bescheidenen Ein-Zimmer-Studio mit Kochgelegenheit bis zum komplett ausgestatteten Bungalow mit Pool im Garten.

Hotels

Sylt offeriert Hotels in allen Preis- und Leistungsklassen, wenngleich der Schwerpunkt auf gehobener Hotellerie liegt. Die Klassifizierung folgt dem internationalen Standard von einem bis zu fünf Sternen. Allerdings gibt es auch viele Häuser, wie etwa das Rungholt in Kampen, die ihren eigenen Stil pflegen und nicht klassifiziert werden wollen.

Jugendherbergen

Drei Jugendherbergen gibt es auf Sylt: im Westen von List, am nördlichen Ortsrand von Hörnum sowie im Stadtgebiet Westerland gegenüber der Eidum Vogelkoje.

JH Mövenberg, Alte Listlandstraße, List, Tel. 046 51/87 03 97, Fax 046 51/87 10 39, jhlist@djh-nordmark.de

JH Hörnum, Friesenplatz 2, Hörnum, Tel. 046 51/88 02 94, Fax 046 51/88 02 94, jhhoernum@ djh-nordmark.de

JH Dikjen Deel, Fischerweg 36–40 (Dikjen Deel), Westerland, Tel. 046 51/835 78 25

Weitere Auskünfte erteilt:

DJH Landesverband Nordmark, Rennbahnstr. 100, Hamburg, Tel. 040/655 99 50, Fax 040/65 59 95 44, www.jugendherberge.de

Stilvolles Urlaubsquartier: Sylter Ferienhäuser mit friesischem Reetdachcharme

Privatzimmer

Es gibt kaum einen Haushalt auf Sylt, der nicht zumindest während der Hauptsaison Privatzimmer vermietet. Die Ausstattung ist in der Regel gediegen, meist steht den Gästen ein eigenes Badezimmer zur Verfügung. Entsprechende Schilder in Fenstern, an Haustüren oder neben den Gartenpforten weisen auf freie Zimmer hin, eine frühzeitige Reservierung bzw. Buchung vor Urlaubsantritt ist jedoch ratsam.

Verkehrsmittel

Bus

Alle Ortschaften sowie die meisten Strände und Naturschönheiten der Insel sind durch ein dichtes Busliniennetz mit vielen Haltestellen bequem erreichbar. Tagesbesucher nutzen auch gern das Angebot des **TouristBus**, der zweimal täglich ebenfalls ab dem Westerländer ZOB eine Inselrundfahrt anbietet (11 Uhr, ca. 2 Std., 14 Uhr ca. 3 Std. mit Möglichkeit zu einer Kaffee-Schifffahrt ab Hörnum Hafen). Die Rückkehrzeiten sind auf die Abfahrtszeiten der Züge abgestimmt. Weitere Auskünfte erteilt:

Sylter Verkehrsgesellschaft (SVG), Info-Tel. 046 51/83 61 00, www.svg-busreisen.de

Fahrrad

Angesichts der gut ausgebauten Fahrradwege ist auf der Insel das Rad eine echte Verkehrsalternative. Den ständig wehenden Wind muss man dabei freilich in Kauf nehmen. Wem es doch mal zu viel werden sollte, kann entlang der Hauptstraßen in einen der regelmäßig verkehrenden Linienbusse umsteigen (s. o.), die hinten sogar mit Gepäckträgern zum Radtransport ausgestattet sind. Adressen der Fahrradverleihe sind bei den Ortsbeschreibungen unter den Praktischen Hinweisen aufgeführt sowie unter www.westerland.de.

Mietwagen

ADAC-Mitglieder können über ihre Geschäftsstelle oder unter Tel. 018 05/31 81 81 (0,14 €/Min.) bei der ADAC Autovermietung GmbH günstig einen Wagen buchen. Buchungen sind außerdem möglich beim **Tourismus-Service Westerland** [s. S. 127].

Schiff

Für Fahrten auf die Halligen sind Schiffe als Verkehrsmittel unerlässlich. Abgesehen davon werden unterhaltsame Ausflüge nach Amrum, Föhr oder Helgoland bzw. nach Rømø oder ans dänische Festland angeboten. Auskünfte bei:

Hallig- und Inselreederei Paulsen, Boysenstr. 13, Westerland, Tel. 046 51/987 00, Fax 046 51/263 00, www.adler-schiffe.de

Rømø-Sylt Linie (RSL),
Am Fähranleger, List,
Tel. 018 03/10 30 30 (0,09 €/Min.),
Fax 046 51/864 30, www.syltfaehre.de

Taxi

Sylt Taxi, Tel. 046 51/55 55, 77 77 oder 12 00

Taxibus, Tel. 046 51/983 00

ADAC Reiseführer in Top-Qualität. Pro Band 300–600 Sehenswürdigkeiten, 140–180 farbige Abbildungen und rund 40 TOP TIPPS.

Lieferbare Titel:

Ägypten
Algarve
Allgäu
Amsterdam
Andalusien
Australien
Bali & Lombok
Baltikum
Barcelona
Berlin
Bodensee
Brandenburg
Brasilien
Bretagne
Budapest
Bulg. Schwarzmeerküste
Burgund
City Guide Deutschland
City Guide Germany
Costa Brava & Costa Daurada
Côte d'Azur
Dänemark
Dominikanische Republik
Dresden
Dubai, Vereinigte Arabische Emirate, Oman
Elsass
Emilia Romagna
Florenz
Florida
Franz. Atlantikküste
Fuerteventura
Gardasee
Golf von Neapel
Gran Canaria
Hamburg
Harz
Hongkong & Macau
Ibiza & Formentera
Irland
Israel
Istrien & Kvarner Golf
Italienische Adria
Italienische Riviera
Jamaika
Kalifornien
Kanada - Der Osten
Kanada - Der Westen
Karibik
Kenia
Korfu & Ionische Inseln
Kreta
Kuba
Kroatische Küste - Dalmatien
Kykladen
Lanzarote
Leipzig
London
Madeira
Mallorca
Malta
Marokko
Mauritius & Rodrigues
Mecklenburg-Vorpommern
Mexiko
München
Neuengland
Neuseeland
New York
Niederlande
Norwegen
Oberbayern
Österreich
Paris
Peloponnes
Piemont, Lombardei, Valle d'Aosta
Polen
Portugal
Prag
Provence
Rhodos
Rom
Rügen, Hiddensee, Stralsund
Salzburg
Sardinien
Schleswig-Holstein
Schottland
Schwarzwald
Schweden
Schweiz
Sizilien
Spanien
St. Petersburg
Südafrika
Südengland
Südtirol
Sylt
Teneriffa
Tessin
Thailand
Toskana
Türkei - Südküste
Türkei - Westküste
Tunesien
Umbrien
Ungarn
USA - Südstaaten
USA - Südwest
Usedom
Venedig
Venetien & Friaul
Wien
Zypern

ADAC Reiseführer plus kombinieren Top-Reiseführer mit perfekten CityPlänen, Länder-Karten oder UrlaubsKarten. Kompakt und komplett im praktischen Klarsicht-Set!

Lieferbare Titel:

Ägypten
Allgäu
Amsterdam
Andalusien
Baltikum
Barcelona
Berlin
Berlin (engl.)
Bodensee
Brandenburg
Budapest
Côte d'Azur
Dänemark
Deutschland - Die schönsten Autotouren
Dresden
Franz. Atlantikküste
Fuerteventura
Gardasee
Gran Canaria
Hamburg
Harz
Irland
Istrien & Kvarner Golf
Ital. Adria
Ital. Riviera
Korfu/Ionische Inseln
Kreta
Kuba
Kroatische Küste - Dalmatien
Lanzarote 8/2007
Leipzig
London
Mallorca
Mecklenburg-Vorpommern
München
New York
Niederlande 8/2007
Norwegen
Oberbayern
Österreich
Paris
Polen
Portugal
Prag
Rhodos
Rom
Rügen, Hiddensee, Stralsund
Salzburg
Sardinien
Schleswig-Holstein
Schottland 8/2007
Schwarzwald
Schweden
Schweiz
Sizilien
St. Petersburg
Südafrika 8/2007
Südtirol
Sylt
Teneriffa
Toskana
Türkei - Südküste
Türkei - Westküste
Usedom
Venedig
Wien

Weitere Titel in Vorbereitung.

Mehr erleben, besser reisen.

Register

L

M

N

O

P

R

S

T

V

W

Impressum

Lektorat: Dagmar Walden
Bildredaktion: Astrid Rohmfeld
Aktualisierung: Inga Neumann
Karten: Carrle Computerkartographie, München
Herstellung: Martina Baur
Druck, Bindung: Offizin Andersen Nexö, Leipzig
Printed in Germany

Ansprechpartner für den Anzeigenverkauf:
Kommunalverlag GmbH & Co KG, MediaCenterMünchen, Tel. 089/92 80 96-44

ISBN 978-3-89905-511-5
ISBN 978-3-89905-556-6 Reiseführer Plus

Neu bearbeitete Auflage 2007
© ADAC Verlag GmbH, München

Das Werk einschließlich aller seiner Teile ist urheberrechtlich geschützt. Jede Verwendung ohne Zustimmung des Verlags ist unzulässig und strafbar. Das gilt insbesondere für Vervielfältigungen, Übersetzungen, Mikroverfilmungen und die Verarbeitung in elektronischen Systemen. Die Daten und Fakten für dieses Werk wurden mit äußerster Sorgfalt recherchiert und geprüft. Wir weisen jedoch darauf hin, dass diese Angaben häufig Veränderungen unterworfen sind und inhaltliche Fehler oder Auslassungen nicht völlig auszuschließen sind. Für eventuelle Fehler können die Autoren, der Verlag und seine Mitarbeiter keinerlei Verpflichtung und Haftung übernehmen.

Bildnachweis

Umschlag-Vorderseite: Strandvergnügen bis zum Horizont bei Kampen. Foto: *Bildagentur Huber, Garmisch-Partenkirchen* (Gräfenhain)
Umschlag-Vorderseite Reiseführer Plus: Leuchtturm am Sylter Ellenbogen. Foto: *Bildagentur Huber, Garmisch-Partenkirchen (Mader)*

Titelseite:
Oben: Strand am Roten Kliff. Foto: *Bildagentur Huber, Garmisch-Partenkirchen* (Gräfenhain)
Mitte: Im Garten des Restaurants Kupferpfanne. (Wh. von Seite 46)
Unten: Heidelandschaft und Dünen. (Wh. von Seite 40/41)

Gunda Amberg, Gröbenzell: 2 (1), 3 (3), 8 unten, 68 unten, 78, 86, 91, 108, 129 unten, 138 – *Evangelische Kirchengemeinde Wenningstedt:* 35 (Volker Frenzel) – *Fan/Peter Mross, Lüneburg:* 2 (4), 3 (2), 5, 6 Mitte, und unten, 25 unten, 27, 39, 42 oben, 52, 61, 72, 79, 88/89, 107, 113 oben 118, 118/119, 120, 121, 124 unten, 125, 126 Mitte links – *Hartmuth Friedrichsmeier, Hamburg:* 2 (3), 2 (4), 3 (4), 9 oben, 15 oben, 19, 31, 40/41, 49, 54/55, 55, 68 oben, 97, 126 Mitte rechts, 126 unten, 59, 79, 136 (2) (Hans Jessel), 10 oben, 73, 95 unten (Michael Pasdzior), 15 unten, 28, 66 (Volker Frenzel), 114, 123 unten, 124 oben (G.Schulz/arco),3 (1), 23 oben, 48/49, 57 unten, 64, 67, 70, 74, 77, 80, 109, 110 unten, 116, 117 (2), 122 oben, 123 oben, 135 (Hartmut Schwarzbach) – *Ottmar Heinze, Hamburg:* 57 oben, 58, 95 oben, 110 oben, 112, 122 unten – *Hotel Stadt Hamburg, Westerland:* 31 oben – *Bildagentur Huber, Garmisch-Partenkirchen:* 10/11, 11 Mitte, 17/18, 36/37, 42 unten, 46, 53, 56, 65, 92, 121, 131 (Gräfenhain) – *Gerold Jung, Ottobrunn:* 100/101, 103 – *Landhaus Stricker, Tinnum:* 11 oben, 71, 104, 133 – *Lindner Hotel Windrose, Wenningstedt:* 38, 130 – *Look, München:* 4/5 (Karl Johaentges), 9 unten, 137 (Heinz Wohner), 24, 96/97, 102 (Konrad Wothe) – *Mauritius, Mittenwald:* 25 oben (Pigneter) – *Elisabeth Schnurrer, Augsburg:* 12, 36 oben, 62 oben, 75, 82, 83, 85, 87, 94, 126 oben, 128, 129 oben – *Schutzstation Wattenmeer, Husum:* 51, 62 unten, 63, 88 (2), 89 – *Sylter Archiv, Westerland:* 13, 14 (2), 21, 50 – *Ernst Wrba, Sulzbach am Taunus:* 6/7, 8 oben, 23 unten, 33, 34/35, 47, 113 unten – *Karsten Wulff, Keitum:* 81

L'Art de Vivre
Gourmet - Residenz

WILLKOMMEN IM NEUEN FÄHRHAUS

NEU AM MEER

Das Fährhaus Sylt ist jetzt ganz neu und schön wie nie zuvor. Unsere neuen Zimmer und großzügigen Suiten mit spektakulärem Blick über das Wattenmeer erwarten Sie. Und natürlich das neue Fährhaus Spa: 600 qm reine Entspannung und purer Genuss. Schwimmbad und Saunen, Ruhezonen drinnen und draußen, ein sehr exklusives Beauty-Studio mit Produkten von Ligne St Barth, Ericson Laboratoire und Transvital. Die gute Luft bei uns auf Sylt, das angenehme Ambiente in unserem Hotel und unsere ausgezeichnete Küche werden Ihr Wohlbefinden auf's Beste ergänzen. Das wird ein ganz besonderer Urlaub: Willkommen auf der Insel. Wir freuen uns auf Sie!

FÄHRHAUS SYLT

HOTEL · SPA · RESTAURANTS

★ ★ ★ ★ ★ S

Heefwai 1 · 25980 Sylt-Ost/Munkmarsch · Tel. (0 46 51) 9 39 70 · Fax (0 46 51) 93 97 10
info@faehrhaus-sylt.de · www.faehrhaus-sylt.de